ably
L&PMPOCKETENCYCLOPAEDIA

Nietzsche

Livros do autor publicados pela **L&PM** EDITORES:

Assim falou Zaratustra
Assim falou Zaratustra (MANGÁ)
Além do bem e do mal
O anticristo
Crepúsculo dos ídolos
Ecce homo
A filosofia na era trágica dos gregos
Friedrich Nietzsche – Obras escolhidas (SÉRIE OURO)

Jean Granier

Nietzsche

Tradução de DENISE BOTTMANN

www.lpm.com.br
L&PM POCKET

Coleção **L&PM** POCKET, vol. 823

Jean Granier é professor da Universidade de Rouen.

Texto de acordo com a nova ortografia.
Título original: *Nietzsche*

Primeira edição na Coleção **L&PM** POCKET: setembro de 2009

Tradução: Denise Bottmann
Capa: Ivan Pinheiro Machado. *Foto*: Nietzsche (1844-1900) © Rue des Archives
Preparação de original: Jó Saldanha
Revisão: Gustavo de Azambuja Feix

CIP-Brasil. Catalogação-na-Fonte
Sindicato Nacional dos Editores de Livros, RJ

G786n

Granier, Jean, 1933-
    Nietzsche / Jean Granier; tradução Denise Bottmann. – Porto Alegre, RS: L&PM, 2009.
    128p. – (Coleção L&PM POCKET; v. 823)

Inclui bibliografia
ISBN 978-85-254-1955-2

1. Nietzsche, Friedrich Wilhelm, 1844-1900. 2. Filosofia alemã. I. Título. II. Série.

09-4295.	CDD: 193
	CDU: 1(44)

© Presses Universitaires de France, *Nietzsche*.

Todos os direitos desta edição reservados a L&PM Editores
Rua Comendador Coruja 314, loja 9 – Floresta – 90220-180
Porto Alegre – RS – Brasil / Fone: 51.3225.5777 – Fax: 51.3221-5380

Pedidos & Depto. comercial: vendas@lpm.com.br
Fale conosco: info@lpm.com.br
www.lpm.com.br

Impresso no Brasil

Sumário

Primeira parte – *A vida e a obra de Nietzsche* / 7

Capítulo I – A biografia / 9

Capítulo II – A obra / 16
Uma construção inacabada e desfigurada, 16 – Princípios de uma leitura imparcial, 20 – A obra e a doença, 23 – O problema da coerência, 26

Segunda parte – *A filosofia de Nietzsche* / 29

Capítulo I – O Niilismo / 31
Niilismo e decadência, 31 – A morte de Deus, 33 – As etapas do niilismo, 35 – A aproximação do Último Homem, 38

Capítulo II – Superar a metafísica / 40
O dualismo moral, 40 – A calúnia dos sentidos e do sensível, 43 – A fábula do "ser", 45 – A crítica do cogito, 50 – O Idealismo, 53 – A moralização de Deus, 56

Capítulo III – Interpretação e verdade / 60
O texto e o caos, 60 – O perspectivismo, 63 – Os valores, 65 – O método genealógico, 67 – A gênese do espírito e da veracidade, 70 – O pragmatismo vital do erro-útil, 75 – O jogo da ilusão e da verdade, 80 – A arte, protetora da vida, 86

Capítulo IV – A vontade de potência / 89

Sabedoria do corpo, 89 – A vontade de potência, essência do Ser, 92 – Competição e construção, 95 – O ato de superar a si mesmo, 98 – Força e fraqueza, 101 – O Eterno Retorno, 104

Capítulo V – O super-homem / 110

A seleção, 110 – A educação dionisíaca, 112 – O herói afirmador, 114 – A grande política, 117

Bibliografia / 121

PRIMEIRA PARTE

A VIDA E A OBRA DE NIETZSCHE

Capítulo I
A biografia

Nietzsche gostava de alegar ascendência da nobreza polonesa. Na verdade, a linhagem dos Nietzsche, que graças a uma pesquisa minuciosa foi possível remontar até o começo do século XVIII, é inteiramente alemã. Entre os antepassados de Nietzsche há muitos pastores, como o avô, também com o nome Friedrich, que se tornou superintendente e ao qual a Universidade de Königsberg conferiu o título de doutor em teologia; e como seu pai, Karl Ludwig, que, como pastor em Röcken, perto de Lützen, casou-se em 1843 com Fransiska Oehler, também filha de um pastor.

Friedrich Nietzsche nasceu em 15 de outubro de 1844. A seu nascimento seguiu-se o de uma irmã, Elisabeth (1846), e de um irmão, Joseph, que faleceu em 1849. Aliás, foi nesse mesmo ano que ocorreu a morte do pai, o que foi ainda mais frustrante porque Nietzsche, como diria mais tarde em *Ecce homo*, sentia verdadeira veneração pelo progenitor, e a partir daí exerceu-se sobre ele apenas a educação de sua mãe, mulher de sólidas qualidades morais e de um devotamento exemplar, mas de espírito limitado; assim, desde cedo Nietzsche passou pela experiência da solidão intelectual e, mais tarde, viria a sofrer da estreiteza do ambiente familiar.

Em compensação ele fez seus estudos no liceu de Pforta, onde ingressou em outubro de 1858, com uma bolsa concedida pela cidade de Naumburg. O rigor da disciplina lhe foi, de início, penoso, mas logo lhe despertou o gosto pelo esforço, a capacidade de concentração e a coragem diante das provações. Além disso, Pforta era famosa pela qualidade do ensino de língua e literatura alemãs, e principalmente pelo brilhante espírito humanista que lá florescia. Sem dúvida foi em tal formação que Nietzsche adquiriu os métodos, o senso crítico e o domínio da linguagem que guiaram sua carreira de filólogo e, depois, suas indagações filosóficas. Por outro lado, a matemática e as ciências experimentais não tinham grande destaque, e mais tarde Nietzsche iria lamentar essa asfixia da inteligência científica sob a ditadura das "Humanidades". O jovem Nietzsche mostra pouco interesse pelas artes plásticas, mas tem um vivo senso musical; toma contato com a obra de Wagner e, em 1862, conhece a partitura para piano de *Tristão e Isolda*. Naturalmente Nietzsche também recebia educação religiosa em Pforta. Em 1861 recebe o sacramento da confirmação. Já nessa época, porém, multiplicam-se os sinais de distanciamento do cristianismo...

Tendo obtido seu diploma de bacharel em setembro de 1864, Nietzsche, em companhia do amigo Paul Deussen, matricula-se na Universidade de Bonn. Em outubro torna-se membro da *Franconia*, associação estudantil onde se reuniam vários ex-alunos de Pforta. Ao mesmo tempo ele começa a frequentar a Faculdade de Teologia e a Faculdade de Filologia, mas logo, conquistado pelas aulas do padre Ritschl, reserva sua atenção apenas para a filologia. Essa escolha, ademais, anunciava a iminente ruptura com o cristianismo; ela se deu em 1865, estimulada pela leitura do livro de Friedrich Strauss, *A vida de Jesus*, e foi motivo de cenas muito tumultuadas entre Nietzsche e sua mãe. Esta, perdendo as esperanças de ver Nietzsche abraçar a carreira sacerdotal e ferida em sua fé, resignou-se a um meio-termo, baseado no mútuo silêncio sobre o assunto.

Para seguir Ritschl, nomeado para Leipzig, Nietzsche se estabelece nesta cidade em 17 de agosto de 1865. Embora aprecie os estudos filológicos pela disciplina que exigem em seus métodos e como acesso privilegiado à

Antiguidade greco-latina, Nietzsche pressente que, para ele, esses estudos jamais serão um fim em si. Assim, o acontecimento decisivo, nessa época crucial de sua formação intelectual, foi não a aula inaugural de Ritschl sobre *Os Sete contra Tebas*, de Ésquilo, e sim a descoberta de Schopenhauer (outubro-novembro de 1865). O desconcertante relato deixado por Nietzsche prova que, ao ler *O mundo como vontade e representação*, ele teve plena consciência de que havia encontrado seu destino. De resto, a impressão causada pelo conteúdo da obra, em especial as teses sobre o absurdo da existência e o ascetismo redentor, logo se atenua, enquanto ganha relevo o tema que prefigurava o nietzschianismo: a luta intransigente pela verdade!

Em 4 de dezembro de 1865, Ritschl funda uma sociedade filológica (reconhecida oficialmente em 1866). Nietzsche apresenta uma conferência que lhe vale os elogios de Ritschl e um convite para compor um léxico para o estudo de Ésquilo. No entanto, o interesse de Nietzsche se dirige cada vez mais para a filosofia. É neste momento que ele se ocupa de uma obra que virá a exercer em si uma considerável influência: *A história do materialismo*, de Albert Lange. Por meio deste texto ele toma conhecimento da filosofia kantiana (completando suas informações com a análise dos trabalhos de Kuno Fischer), ganha noções sobre o positivismo inglês e, acima de tudo, se inicia em duas ideias que se revelarão muito fecundas: o ceticismo em relação à Metafísica e a recusa de qualquer identificação entre o pensamento e o Ser.

Mas chega o momento de ingressar no serviço militar. Em 9 de outubro de 1867, Nietzsche entra no 4º Regimento de Artilharia de Campo. Adapta-se com facilidade à sua vida militar, da qual aprecia, como menciona numa carta, "um apelo constante à energia do indivíduo" e "um antídoto decisivo contra a erudição fria, estreita, pedante".

Além disso, ela não o impede de manter uma volumosa correspondência com seu novo amigo, Erwin Rohde, nem de iniciar trabalhos sobre Demócrito. Um acidente ocorrido no final de fevereiro ou começo de março de 1868 (Nietzsche se fere gravemente no peito durante um exercício de cavalaria e o ferimento infecciona) o leva ao hospital, e depois a uma estação de tratamento em Bad-Wettekind; a cura, demorada, coincide com o retorno a Naumburg em 2 de agosto. Em 19 de outubro Nietzsche está de novo em Leipzig; e em 6 de novembro, na Sociedade Filológica, ele apresenta uma conferência sobre as sátiras de Varrão e sobre Menipo, o cínico.

Em 8 de novembro de 1868, ele conhece Richard Wagner, e este primeiro encontro lhe causa fortíssima impressão, que contribui, em contraste, para aumentar sua aversão ao meio filológico. Mas é neste exato momento que lhe surge uma oportunidade excepcional, eliminando qualquer possibilidade de mudança de rumo: Ritschl recomendou sua candidatura para uma cátedra de língua e literatura gregas que vagara na Universidade da Basileia, e Nietzsche é escolhido para ela em 12 de fevereiro. Essa nomeação é uma grande honra; é também a garantia de uma vida estável e tempo livre para a pesquisa pessoal. Mas, enquanto sua família exulta, Nietzsche já avalia lucidamente o peso do fardo pedagógico que escolheu assumir... Além disso, ele renuncia à nacionalidade prussiana para adotar a cidadania suíça.

Nietzsche é acolhido cordialmente pelos colegas e pela sociedade burguesa da Basileia; logo, porém, as amenidades mundanas lhe causam irritação e cansaço. Em compensação, ele trava relações estimulantes com Franz Overbeck, especialista na história da Igreja, e com Jakob Burckhardt, 26 anos mais velho do que ele e eminente especialista em história da arte, cujas ideias, algumas delas, impregnarão as reflexões de Nietzsche. É a época, principalmente, do apogeu de sua amizade com Wagner. Em maio de 1869, ele se hospeda na casa de Wagner em Triebschen, perto de Lucarno. Sente-se fascinado pelo gênio wagneriano, de modo que não percebe os aspectos negativos de sua personalidade: o temperamento autoritário, o egoísmo e a falta de escrúpulos. Em 1888, ou seja, muito tempo após o rompimento, Nietzsche ainda celebra em termos nostálgicos as maravilhas dessa amizade que brilhou intensamente por três anos, até abril de 1872. Nesta data Wagner partiu para se estabelecer em Bayreuth, e as nuvens se adensaram.

Durante a guerra franco-prussiana de 1870, Nietzsche, impedido de combater devido à sua recente naturalização suíça, serve como enfermeiro, contrai difteria, recupera-se lentamente e volta à Basileia sentindo profunda desconfiança pela hegemonia prussiana, confirmada pela vitória alemã.

Em 1871 publica-se *O nascimento da tragédia, ou helenismo e pessimismo*. Do ponto de vista de sua carreira como filólogo, esta publicação de Nietzsche é um suicídio; Ritschl fica consternado; Wilamowitz-Möllendorf desfere um ataque implacável e não tem dificuldade em vencer, visto que nem mesmo a réplica de Rohde consegue refutar as objeções do adversário. Nietzsche, ademais, percebeu que havia arruinado sua reputação e não se surpreendeu ao ver os estudantes abandonarem seus cursos. Em reação, entre 16 de janeiro e 23 de março de 1872, ele apresenta cinco conferências sobre *O futuro de nossas instituições de ensino*; critica asperamente a mentalidade dos liceus e das universidades da Alemanha, a especialização excessiva, onde julga reconhecer uma consequência do espírito das Luzes, tal como o jornalismo e a sociedade industrial moderna. De passagem solta farpas contra a teoria hegeliana do Estado e seu pretenso papel educativo.

Em 1873-1874, Nietzsche publica as quatro *Considerações intempestivas*.

Aos trinta anos, Nietzsche já é um homem seriamente enfermo e com uma situação afetiva das mais precárias. É verdade que, se perdeu a amizade de Ritschl (falecido em 1876), rompeu com Gersdorff e afrouxou os laços com Rohde (por sua vez professor em Iena), por outro lado travou novas relações: com Malwida Von Meysenbug, Paul Rée e o músico Peter Gast. Mas ele deseja uma existência mais estável, como demonstram suas veleidades matrimoniais: chega a fazer um pedido oficial de casamento a uma jovem holandesa, Mathilde Trampedach – sem resultado...

Em 2 de maio de 1878, Nietzsche pede afastamento, por razões de saúde, de suas funções na Universidade da Basileia; é-lhe concedida uma pensão anual de três mil francos.

Em 1878-1879 surge a primeira parte de *Humano, demasiado humano* (a segunda parte se chama *O viajante e sua sombra*). Para Nietzsche, agora é o regime da vida errante, pontuada pelos acessos da doença e cercada pela solidão.

Aurora é concluída em janeiro de 1881. Nietzsche adota o hábito de passar longas temporadas em Sils-Maria, em Engadine. Nesta época formula o conceito do Eterno Retorno, ao mesmo tempo em que descobre a obra de Spinoza e se encanta com a música de *Carmen*. *A gaia ciência* é escrita entre 1881 e 1882. No final de março de 1882, durante uma viagem a Roma, Nietzsche conhece uma jovem russa, Lou Andréas-Salomé, e se apaixona por ela. Segue-se um imbróglio sentimental, desagradável e cruel, devido às intrigas de sua irmã Elisabeth, ciumenta e hipócrita, e à atitude ambígua de Paul Rée, que aliás acaba sendo o escolhido de Lou. Ao final desse drama, Nietzsche está rompido com sua família e mais solitário do que nunca. Passa um inverno terrível em Gênova e depois em Rapallo, mas uma fulgurante recuperação de suas forças lhe permite escrever em dez dias, em Sils-Maria, a primeira parte de *Assim falou Zaratustra*, e concluirá a obra em 1884-1885.

Às humilhações provocadas pelas dificuldades com os editores somam-se as recusas de suas tentativas de se reintegrar à Universidade (uma candidatura em Leipzig resulta em fracasso) e as preocupações causadas pelo noivado e, depois, pelo casamento de Elisabeth com o agitador antissemita B. Förster. Mesmo assim, sucedem-se as obras em ritmo acelerado. Em 1886, *Além do bem e do mal*; em 1887, *Genealogia da Moral*; em 1888, *O caso Wagner*, *Crepúsculo dos ídolos*, *O anticristo*, *Nietzsche contra Wagner*, *Ecce homo* (este último ensaio será publicado apenas em 1908).

A glória aponta no horizonte. Sinal precursor: em 1888, na Universidade de Copenhague, G. Brandes dedica uma série de conferências à filosofia de Nietzsche, mas em 3 de janeiro de 1889, em Turim, na praça Carlo Alberto, Nietzsche se afunda na loucura. Levado de volta à família, vive onze anos mergulhado na demência. Morre em Weimar em 25 de agosto de 1900: no próprio limiar desse século do niilismo que teve em Nietzsche seu lúcido arauto e, por antecipação, seu heroico adversário.

Capítulo II

A OBRA

Uma construção inacabada e desfigurada

Seria temerário afirmar, a respeito da obra de qualquer filósofo, que ela é absolutamente acabada. A morte sempre confere uma certa contingência ao fecho da reflexão que daria a efetiva completude da obra; algumas ideias teriam sido retocadas, reelaboradas ou mesmo substituídas por outras, certas formulações teriam sido corrigidas para evitar os mal-entendidos, se o autor tivesse contado com algum tempo a mais. Além disso, as condições das publicações, a frequente existência de textos inéditos, ou mesmo a redescoberta de textos já publicados, mas negligenciados, e a eventual compilação da correspondência tornam indispensável um trabalho crítico de organização e interpretação que, por sua vez, apresenta seus próprios problemas.

Mas essas dificuldades se tornam trágicas quando, como é o caso de Nietzsche, está-se diante de um autor não apenas atingido em plena atividade – cuja obra fatalmente parece ainda em andamento –, mas também enganado por sinistras intrigas familiares que levaram à apresentação ao público de uma imagem falseada de sua obra (conforme demonstrou Karl Schlechta, com base numa documentação incontestável). Sem esquecer que, de mistura à política, o nome de Nietzsche serviu de caução à pavorosa impostura do nazismo (pessoalmente, porém, Hitler – que ganhou de presente da irmã de Nietzsche a bengala do filósofo! – pouco se importava com a filosofia de Nietzsche e era incapaz de compreendê-la).

Essas deploráveis atribulações e essas ignóbeis anexações geraram veementes disputas entre os especialistas, encorajaram a proliferação de comentários mais ou menos fantasiosos e principalmente favoreceram as posições doutrinárias que permitiam manter no índex um pensamento considerado perigoso ou passar a obra de Nietzsche pelo rolo compressor do dogmatismo. Foi apenas após a última guerra que, graças ao trabalho de alguns pioneiros, tornou-se possível desenvolver, além das reflexões de alto voo, muitas pesquisas sérias e inteligentes. No entanto, a partir de 1965, a influência de modas culturais direcionou muitas interpretações para uma busca de efeitos pitorescos e publicitários, em detrimento da compreensão sóbria e abrangente de que temos exemplo, muito especialmente, no pensamento alemão.

Para além das divergências ligadas ao temperamento, aos rumos do pensamento e às circunstâncias históricas, cabe portanto estabelecer alguns princípios metodológicos, indispensáveis para proteger Nietzsche da arbitrariedade e garantir o andamento de investigações fecundas.

No que se refere às falsificações efetuadas nos textos de Nietzsche, a situação agora se encontra bastante esclarecida. O principal ponto de discordância desapareceu, desde que foi possível estabelecer que o livro chamado *A vontade de potência* não é uma produção controlada por Nietzsche e sim uma "invenção" da irmã de Nietzsche (infelizmente auxiliada, apesar de suas reticências, por Peter Gast). A obra, com efeito, foi forjada – por razões de ambição e lucro – com uma montagem artificiosa de textos póstumos que figuravam nos cadernos de notas de Nietzsche. A fraude praticada por essa irmã que Nietzsche dizia ser de uma "descarada e inigualável tolice"[1] operava em dois níveis: primeiro, dava-se a entender, ilusoriamente,

---

1. Cf. *Nietzsche, Rée, Salomé, Correspondance.* Trad. Ole Hansen-Love e Jean Lacoste. Paris: PUF, 1979.

que existia um "sistema" de Nietzsche; a seguir, que esse sistema, ilustrado pelo título provocador de *A vontade de potência* (um nome de boa têmpera nietzschiana, mas aqui usado sem rigor), estava naturalmente destinado a se tornar a filosofia do nacional-socialismo. Além disso, a sra. Förster-Nietzsche se arrogou o monopólio dos comentários da obra, criando num grosso volume indigesto uma caricatura da personalidade e obra de seu irmão. Aliás foi recompensada por tal proeza com um... doutorado *honoris causa*! A crítica, por fim, desmascarou essa maquinação disfarçada de lenda, como escreve Karl Schlechta: "Não se pode falar de uma *Vontade de potência* que representaria a doutrina pessoal, a obra sistemática de Nietzsche. Não passam de papéis póstumos, banalmente póstumos, nada mais". Mas, para chegar a este veredito, foi preciso demolir os argumentos que tornavam a autoridade da sra. Förster-Nietzsche aparentemente incontestável e que consistiam em cerca de trinta cartas que Nietzsche teria supostamente escrito à irmã. Ora, descobriu-se que, se o conteúdo era essencialmente de Nietzsche, as cartas em si eram dirigidas a outros destinatários – como a mãe de Nietzsche ou Malwida Von Meysenbug – e algumas palavras tinham sido grosseiramente adulteradas. Era um procedimento habitual dessa irmã, decididamente abjeta, que já em *Ecce homo* não hesitara em corrigir as passagens que a desagradavam e a desautorizavam, como esta, profética: "A maneira como, até o momento, minha mãe e minha irmã me tratam, inspira-me um horror indizível: é uma verdadeira máquina infernal que está em funcionamento e procura com infalível segurança o momento em que pode me ferir com maior crueldade".

As edições recentes de Nietzsche restauraram o significado autêntico dos textos, suprimindo o título suspeito e principalmente preservando seu valor normal como escritos póstumos: seja reunindo-os em vários volumes especiais, acrescidos aos volumes que foram publicados por iniciativa do próprio Nietzsche; seja colocando-os diretamente como anexos a cada um desses volumes, para respeitar a ordem cronológica (ao que parece, a melhor fórmula). Assim fica confirmada a certeza que qualquer pessoa já poderia ter simplesmente com uma leitura fiel das obras publicadas por Nietzsche: nada, absolutamente nada na filosofia nietzschiana permite afiançar, sob aspecto nenhum, as ideologias nazistas e fascistas, nem, aliás, nenhuma ideologia pangermanista em geral. Adiante, ao discutir o conceito de "vontade de potência", teremos ocasião de mostrar como seria equivocado entender seu sentido e seu alcance como uma apologia da brutalidade cínica e da violência bárbara. Mas, antes mesmo dessa discussão, já é possível descartar totalmente, como pura mentira, qualquer alegação que pretenda apresentar Nietzsche como precursor do nazismo ou mesmo como simples defensor do nacionalismo alemão. Nietzsche tem fórmulas ferinas para exprimir sua desconfiança em relação aos alemães e seu desprezo por qualquer forma do *"Reich"*; por exemplo: *"Deutschland, Deutschland über alles* é talvez a palavra de ordem mais estúpida que jamais existiu" (*Werke*, XIII, 350); por outro lado, ele sempre foi defensor da ideia europeia, e com uma amplitude de visão que, numa época em que se desencadeavam as paixões nacionalistas, dá provas de sua lucidez e coragem. O antissemitismo – cuja irremediável tolice ele pôde conhecer por meio de seu cunhado, o agitador Förster, e naturalmente de sua digna esposa – era-lhe odioso; repetiu isso centenas de vezes; contentemo-nos em citar esta fórmula irretorquível: "A luta contra os judeus sempre foi sinal de uma natureza baixa, invejosa e covarde: e quem participa dela hoje deve ter uma boa camada de mentalidade rasteira".[2]

---

2. Cit. in: BLONDEL, Eric. *Nietzsche: Le cinquième évangile?* A obra está muito bem documentada sobre esta e outras questões; quanto às traduções, são um modelo do gênero.

O mesmo vale para as noções tomadas à psicobiologia, em particular "instinto" e "raça", cujos significados são cuidadosamente remodelados por Nietzsche, de maneira que se tornam conceitos originais para uma reflexão filosófica, e portanto incompatíveis com qualquer veleidade de utilização racista. Mas não nos detenhamos nesses lodaçais. As verdadeiras questões nos chamam ao alto.

Princípios de uma leitura imparcial

Independentemente das falsificações, cumpre constatar, sobretudo diante do volume impressionante de notas póstumas, que aqui estamos diante de uma obra que se afigura mais um andaime do que um edifício pronto. Nietzsche, aliás, pouco tempo antes da crise em que iria perder a razão, estava multiplicando os esboços e planos para aquilo que, a seus olhos, seria o coroamento de suas pesquisas. Prova flagrante de que desejava, certamente, não encerrar suas ideias num "sistema", mas pelo menos edificar uma obra em torno de alguns grandes conceitos, de molde a conferir à sua filosofia uma coerência mais evidente e, portanto, mais convincente. A loucura, sob este aspecto, é acidental; e, como todo acidente, ela transtorna os projetos em formação de uma maneira que converte em fatalidade aquilo que, do ponto de vista da intenção consciente, era apenas um acaso. Seria prejudicial ao entendimento de Nietzsche subestimar e *a fortiori* negligenciar essa circunstância, pois é ela que, em certa medida, é responsável pelo fato de que o pensamento do filósofo se apresente nesse estado de desordem e inconclusão.

Sem dúvida. Mas, alguém poderá indagar, afora os escritos póstumos, não subsiste uma quantidade suficiente de volumes realmente acabados, para que se possa captar a coerência geral da reflexão nietzschiana? Infelizmente, no caso de Nietzsche, não é tão fácil proferir um juízo fundamentado, longe disso! Vários tipos de argumentos o impedem: primeiro, salvo alguns textos redigidos de forma contínua (*O nascimento da tragédia*, *Genealogia da Moral*, por exemplo), as obras em sua maioria são compostas de fragmentos mais ou menos extensos, com numeração e muitas vezes com uma fórmula de impacto como abertura; a classificação em capítulos, naturalmente, não basta para fundir os fragmentos, para garantir a plena continuidade do discurso. Mesmo uma certa atmosfera, mais característica deste ou daquele livro, não elimina essas constantes alterações de ritmo que se impõem à atenção e acabam dando ao leitor a sensação de percorrer um labirinto. Além disso, os textos são muito heteróclitos: um escrito francamente poético, como *Zaratustra*, está ao lado de coletâneas de aforismos e dissertações de um só fôlego! Por fim, não é possível tratar a massa dos póstumos como variedades supérfluas. Ela é de uma riqueza prodigiosa, e é tanto mais impossível desdenhá-la pois é ela que fornece a chave da organização dos livros publicados por Nietzsche: os fragmentos que, como acabamos de dizer, constituíam o material dos diversos itens dentro dos grandes capítulos frequentemente são textos reelaborados e corrigidos a partir dos rascunhos que encontramos entre os escritos póstumos. Assim tem-se uma ideia de como procedia Nietzsche para compor um livro: entre os esboços de seus cadernos de notas, ele selecionava os fragmentos que lhe pareciam mais adequados, arrumava-os e dava-lhes acabamento, depois distribuía-os em diversos capítulos, em função de uma ideia diretriz, aliás bastante fluida para permitir uma organização flexível. A análise dos póstumos, por conseguinte, é muito valiosa, na verdade decisiva, para refinar, reorientar e aprofundar o comentário.

Nessas condições, o princípio fundamental de todo estudo que queira chegar ao entendimento rigoroso do pensamento nietzschiano deve ser o seguinte: *aplicar aos textos de Nietzsche o método que ele mesmo preconizava em sua própria teoria do conhecimento*. Em outros termos, conduzir a reflexão sobre os textos de Nietzsche segundo o modelo do conhecimento *interpretativo*; em suma, tentarmos nos tornar "bons filólogos" do nietzschianismo – segundo a escola do próprio Nietzsche! A justificativa desse princípio, além da excepcional fecundidade que ele garante, é o testemunho de Nietzsche: a saber, o fato de que ele construiu sua teoria do conhecimento a partir de sua própria experiência de homem e de pesquisador. Sua teorização é a transcrição de sua práxis pensante.

Logo, aplicar a Nietzsche o procedimento da interpretação é explicar Nietzsche segundo o espírito e a linguagem nietzschianos.

Somente assim é possível, ao mesmo tempo: restituir valor positivo à apresentação e à formulação nietzschianas, ao invés de tomá-las como aproximações insuficientes de um sistema filosófico tradicional, cobiçado mas não atingido por Nietzsche (na verdade, é a rejeição clara de qualquer sistema que inaugura o método revolucionário da nova filosofia *como* interpretação. Esta, portanto, postula a ruptura com a "metafísica"); valorizar a variedade e a mescla dos gêneros, pois agora se reconhece nelas o virtuosismo supremo numa arte da interpretação que zomba da argumentação lógica pedante e monótona (aqui, novamente, é a "metafísica" que é alvo da ironia de Nietzsche); e, por fim, salvaguardar a unidade profunda da reflexão ao longo dos rodeios "labirínticos", pois esta unidade, deixando de ser garantida pelo estrito encadeamento dos conceitos, não pode ser senão a unidade que anima a multiplicação das "perspectivas"; assim, a proliferação das aparentes contradições, desconcertantes para os leitores apressados e superficiais, revela a coerência subjacente da indagação, visto que ela traduz a pluralidade dos pontos de vista, mais ou menos antagônicos, pelos quais é absolutamente necessário passar caso se queira compreender *a realidade* em seu devir e em seus contrastes. A contradição em Nietzsche deixa de ser um espinho na carne do pensamento, um espinho a ser arrancado pela razão (analítica ou dialética, pouco importa!), e assume o valor de um sinal que *nos avisa para mudar de ponto de vista*. Isso muitas vezes exige que mudemos também de *nível*. Assim, a interpretação é multidimensional e está em constante mutação.

Não admira, por conseguinte, que cada grande conceito nietzschiano seja essencialmente *sobredeterminado* e que para explicá-lo, portanto, seja necessário reconstituir cada significação que o compõe; sem esquecer o levantamento dos diversos *estratos* em que ele foi elaborado pelo movimento do *pensamento ascensional* de Nietzsche. O resultado: um comentário em espiral, que recolhe e hierarquiza uma infinidade de significações, conflitantes e solidárias. Com a seguinte precaução indispensável, no tratamento dos textos póstumos: jamais edificar uma interpretação sobre citações derivadas apenas dos escritos póstumos, mas cuidar em associá-las sempre a citações extraídas das obras que receberam a explícita aprovação de Nietzsche.

A obra e a doença

As considerações precedentes permitem extrair a resposta à pergunta, que se tornou premente com a insanidade dos últimos anos, sobre o papel da doença na gênese da obra de Nietzsche.

Era tentador, para as almas estreitas que preferem pensar com baixeza em lugar de enfrentar os riscos de uma interrogação livre, explorar a crise de loucura como refutação *a priori* das ideias de Nietzsche. Essa ameaça, ao mesmo tempo, confere uma enorme importância ao diagnóstico médico sobre a natureza exata da demência em Nietzsche, mas, de qualquer maneira, mesmo na hipótese mais desfavorável, ela ainda deixaria em aberto a questão, propriamente filosófica, de determinar o sentido da loucura enquanto tal, notadamente em suas relações com a criatividade genial (o caso de Hölderlin, sob este aspecto, é muito instrutivo). Dos numerosos estudos médicos sobre o tema da loucura de Nietzsche extrai-se um certo consenso sobre o diagnóstico de "paralisia geral" (mas, pela curiosa ausência de certos sinais clínicos, Podach já fazia algumas ressalvas, falando de uma forma "atípica"). Trata-se de uma meningite-encefalite, de origem quase sempre infecciosa. Ora, há boas razões para admitir que Nietzsche realmente tenha contraído na juventude uma infecção sifilítica desse gênero, e foi possível inclusive reconstituir uma data aproximada do episódio causador, graças às *Lembranças de Nietzsche*, de Paul Deussen. A data sugerida é o ano de 1865, em vista de uma carta de 4 de agosto de 1865, dirigida a Gersdorff, em que Nietzsche justamente se queixa de dores de cabeça violentas, sintoma habitualmente associado à meningite de origem sifilítica. As cefaleias constantes, os vômitos, as dores oculares que incessantemente torturam Nietzsche corresponderiam, assim, ao estágio terciário da infecção. Mas, em todo caso, a obra permaneceria indene, pelo menos até o desmoronamento brutal do começo de 1889. Assim, caso se pretenda estabelecer a existência de uma perturbação, seria necessário buscar por trás da doença infecciosa uma psicose latente ou uma neurose. Aqui também, nessas tentativas de explicação, estamos reduzidos às conjeturas mais arriscadas (aventaram-se diagnósticos de constituição paranoica atenuada e de tendências esquizoides); filosoficamente, nada se modifica em nossa leitura da obra. A exploração dos problemas neuróticos, a uma luz psicanalítica, certamente é mais promissora[3], em particular quando ela rastreia os vestígios de um complexo paterno de múltiplas ramificações (cabe lembrar que Nietzsche perdeu seu pai muito jovem). No entanto, ela tampouco nos dá qualquer elemento, se quisermos relacionar seus resultados com a interpretação propriamente filosófica dos escritos nietzschianos. Pois não há nenhum critério comum entre indicações referentes a uma gênese psicológica e o sentido de verdade inerente ao pensamento de um filósofo!

O debate só mantém algum interesse se forem ampliadas e abarcadas as dimensões de uma reflexão sobre o valor da doença em geral para a experiência criadora. Ora, quando se aborda o problema sob este ângulo, o que impressiona é a admirável generosidade com que Nietzsche soube converter a doença, mesmo em seus piores momentos, numa escola de pensamento, na disciplina existencial do criador. A tal ponto que, em Nietzsche, a doença se torna o principal estimulante do conhecimento, o auxiliar da reflexão "em grande estilo"; ou, melhor, a própria *prática* da interpretação enquanto arte de fazer variar ao infinito os pontos de vista sobre um tema dado. Nietzsche tinha a mais aguda consciência dos privilégios que lhe conferia a doença e celebrou em fórmulas inesquecíveis os méritos daquilo que não hesita em chamar de impotência e decadência! Citemos, entre outros: "Os doentes e os fracos têm mais *espírito*, são mais móveis, mais variados, mais divertidos – mais maldosos [...]. Os doentes e os fracos têm em si uma espécie de *fascínio*. São *mais interessantes* do que as pessoas saudáveis; o louco e o santo – as duas espécies de homens mais interessantes – e, aparentado a

---

3. Cf. MATTER, Jean. Nietzsche, philosophe lyrique. Esquisse pour un portrait psychanalytique. in: *Nietzsche. Études et témoignages du Cinquantenaire*. Société française d'Études nietzschéennes. Paris: Flinker, 1950.

eles, o 'gênio'" (*Vontade de potência* II). Assim, o critério para um juízo válido é o uso que se faz da doença: "É apenas uma questão de força: possuir todos os traços mórbidos do século, mas compensá-los no interior com uma força exuberante de construção e de restauração" (*Vontade de potência* II).

O problema da coerência

Se, por um lado, a utilização da análise histórica por certos comentadores, análise fundada na pesquisa das fontes, no levantamento das influências e no estudo cronológico dos textos, enriqueceu incontestavelmente nossa compreensão da obra de Nietzsche, por outro lado ela também contribui para levantar novamente a questão de sua coerência. Como se evidencia particularmente nos trabalhos de Charles Andler, o método histórico, com efeito, leva a recortar a obra de Nietzsche em vários "períodos", elevados com precipitação e imprudência à condição de "sistemas". E assim a filosofia de Nietzsche é tratada como uma justaposição de teses onde não se discerne mais o princípio de continuidade! Não haveria *a* filosofia de Nietzsche, mas uma sucessão de filosofias cuja reunião seria apenas nominal...

Naturalmente não é nossa intenção rejeitar os resultados obtidos graças a esse gênero de leitura. Sem corroborar os títulos escolhidos, de bom grado admitimos, com base num exame sério do estilo, da argumentação e da orientação de cada texto, que é possível reconhecer três grandes etapas no movimento geral da reflexão nietzschiana, correspondendo, grosso modo, a um "pessimismo estético", a um "intelectualismo" crítico de inspiração científica e, por fim, a uma concepção "dionisíaca" do mundo, centrada nos temas líricos do super-homem e do Eterno Retorno. Assim, é certo que os textos do primeiro período trazem as reflexões do jovem professor de filologia grega, discutem os problemas da atualidade, da história e do saber em função dos conceitos e das interrogações ligadas à cultura antiga, mas também sob a luz do convívio com o pensamento schopenhaueriano. É igualmente certo que, no período intermediário, há o predomínio da reflexão crítica; esta serve visivelmente para consumar e justificar a ruptura com o wagnerismo e, de modo mais radical, com Schopenhauer; apoia-se no duplo reforço trazido pela leitura assídua dos moralistas franceses (Vauvenargues, La Rochefoucauld, Pascal etc.) e das obras científicas; sob este aspecto, vale observar que, já nas *Póstumas* de 1873-1875, abundam as notas referentes às ciências naturais, e que em 1874 Nietzsche tomou de empréstimo na biblioteca da Universidade da Basileia a *Philosophia naturalis* do físico Boscovitch.

Mas repetimos que, de qualquer forma, são apenas etapas de um mesmo amadurecimento, e jamais um fracionamento obedecendo aos limites de três doutrinas diferentes. Não faltam provas que confirmam isso. Em primeiro lugar, quanto ao princípio da continuidade, o próprio Nietzsche (e, o que é muito revelador, desde muito cedo) se pronunciou com clareza absoluta: "Penso que aos 24 anos tem-se atrás de si a parte mais importante de sua vida, embora o que dará valor a esta vida só apareça mais tarde. De fato, é mais ou menos nesta idade que uma jovem alma destaca a essência característica de todos os acontecimentos e de todas as experiências: assim ela cria para si um mundo de caracteres típicos do qual não sairá mais".[4] Aliás, ele reiterou essa afirmação,

---

4. Considerações pessoais de Nietzsche paralelas a seu *Curriculum vitae* escrito para a Universidade da Basileia, em 1864, cit. in: BLUNCK, R. *F. Nietzsche. Enfance et jeunesse*. Trad. Éva Sauser, ed. Corrêa. Paris: Buchet-Chastel, 1955. p. 243.

em termos igualmente categóricos, em seu estudo sobre *Schopenhauer educador*. Além disso, cumpre ressaltar que apenas levando em consideração a continuidade é possível entender o sentido último do período intermediário, dito "intelectualista", o qual fica totalmente abafado na leitura historicizante; como explica Nietzsche em seu prefácio a *Humano, demasiado humano*, a finalidade essencial da crítica era realizar "a superação da metafísica" – tarefa à qual ele consagrará uma enorme parcela das pesquisas do último período. Quanto aos temas principais que formavam a estrutura de *O nascimento da tragédia* e dominavam os ensaios de grande alcance redigidos na mesma época (cf. *A competição de Homero* e *Sobre a verdade e a mentira num sentido extramoral*), eles constituem o próprio núcleo das ideias mais tipicamente nietzschianas do *último* período. A conclusão, portanto, elimina qualquer espécie de dúvida: sim, o pensamento de Nietzsche se transformou, mas a alma dessas metamorfoses é uma interpretação coerente e unitária.

SEGUNDA PARTE

A FILOSOFIA DE NIETZSCHE

Capítulo I
O NIILISMO

Niilismo e decadência

O termo "niilismo", que já se encontra em Jacobi, Ivan Turguêniev, Dostoiévski, os anarquistas russos, e que Nietzsche toma a Paul Bourget, serve para designar, em Nietzsche, a essência da crise mortal que acomete o mundo moderno: *a desvaloração universal dos valores*, que mergulha a humanidade na angústia do *absurdo*, impondo-lhe a certeza desesperadora de que nada mais tem sentido.

O niilismo corrobora a generalização de um fenômeno mórbido, *a decadência*. Enquanto está restrita a certas camadas sociais e em certas regiões do globo, a decadência não põe em risco a civilização humana, mas ela se torna um terrível flagelo quando invade – como hoje, segundo Nietzsche – a totalidade das classes, das instituições e dos povos, para se confundir finalmente com a própria ideia de humanidade (*Vontade de potência* II). Ao falar de "decadência", Nietzsche tenta de alguma maneira situar e agrupar as condições existenciais que, a seus olhos, prepararam a irrupção do niilismo. Essa formulação tem a vantagem de nos proteger contra a acepção biológica ou médica demasiado estreita em que seríamos levados a entender a palavra decadência, se a tratássemos como simples sinônimo de doença. Pois mesmo quando Nietzsche vê na decadência uma espécie de doença social, analisando seus sintomas com um vocabulário clínico, é sempre de acordo com sua concepção filosófica da vida como vontade de potência que ele apresenta seu diagnóstico e prescreve remédios. Quando, portanto, para explicar a generalização da própria decadência alemã, ele denuncia o domínio cada vez maior dos fracos sobre os fortes, é preciso restituir a esses qualificativos a significação *filosófica* que eles guardam para Nietzsche, isto é, vinculá-los à vontade de potência, onde correspondem justamente às suas duas tendências fundamentais e antagônicas. O paradoxo expresso numa tal inversão dos poderes, e que faz da decadência o "mal-estar da civilização" que também preocupará Freud (mas de outro ponto de vista), confirma que, para Nietzsche, aqui se trata realmente de uma catástrofe relativa à interpretação filosófica da vida em sua natureza mais secreta.

A decadência se caracteriza em primeiro lugar pelo desregramento dos instintos. Para tentar restabelecer um equilíbrio, o decadente recorre à razão, erigindo-a em déspota sob a capa do imperativo moral e da crença dogmática na lógica. Esse remédio não impede que o decadente continue um ser fundamentalmente "reativo". Pois a decadência provoca a desagregação das formas, a perda das capacidades de assimilação e de síntese, a debilitação da vontade, o desencadeamento caótico das paixões: em vez de agir, o decadente rumina infindavelmente as lembranças dolorosas e, vítima de sua excessiva irritabilidade, busca a embriaguez do esquecimento em estimulantes artificiais; é o homem cujas motivações provêm da vontade de vingança. Pois "quem sofre prescreve contra seu sofrimento o mel da vingança" (*Crepúsculo dos ídolos*). Assim, a noção de justiça se encontra pervertida pelo ressentimento dos decadentes: "Quando eles dizem: 'Sou justo', tem-se sempre a impressão de ouvir: 'Estou vingado'" (*Assim falou Zaratustra*).

Mas como os fracos conseguiram contaminar os fortes, de tal modo que a decadência se tornou a doença de toda a civilização humana? Foram empregados vários meios, sendo o mais eficaz o controle do ensino; com essa artimanha, a decadência se tornou propriamente a escola da doença. Essa pedagogia da decadência, camuflada sob a bandeira de um "aperfeiçoamento" moral do homem, na verdade trabalha para domesticá-lo; em outras palavras, para transformar as naturezas enérgicas e apaixonadas em animais de carga laboriosos, dóceis e medíocres. Foi a casta sacerdotal que se incumbiu dessa domesticação sistemática. Não dispõe ela, com sua ideologia do pecado, do instrumental psicológico indispensável? Com certeza. Pois "o homem tornado inofensivo, fraco para consigo e para com os outros, afundado na humildade e na modéstia, consciente de sua fraqueza, o 'pecador' – tal é o tipo desejável, o qual também pode ser *produzido* graças a alguma cirurgia da alma" (*Vontade de potência* I).

A morte de Deus

A irrupção do niilismo marca o desmoronamento da ideologia sobre a qual a decadência erguera seu reinado. O niilismo significa que "Deus morreu"; isto é, o conjunto dos ideais e dos valores que garantiam a dominação da decadência traiu o *nada* que era seu fundamento oculto.

Vê-se que a morte de Deus não corresponde absolutamente a uma simples constatação psicossociológica dos avanços do ateísmo no mundo moderno; menos ainda designa a retomada do tema cristão da morte e da ressurreição de Deus, tema elaborado por Hegel ao gosto *dialético*. Quando Nietzsche proclama a morte de Deus pela boca de seu Zaratustra, ele pretende resumir numa fórmula de impacto o conjunto das reflexões que lhe revelaram o sentido e a gênese da ideologia cuja nulidade radical é experimentada pela modernidade, numa crise mundial.

A angústia moderna, assim, é uma angústia perante o abismo de uma vida que, agora privada de seus fins e de seus valores, aparece fatalmente absurda: *"Os valores superiores se depreciam.* Os fins não existem; não há resposta à pergunta 'Para quê?'" (*Vontade de potência* II). Ora, precisamente, o sentimento de absurdo é a prova afetiva imediata daquilo que o filósofo reconhece e pensa como desvelamento do *nada*: "Se um filósofo pudesse ser niilista, declara Nietzsche, sê-lo-ia porque encontra o nada por trás de todos os ideais" (*Crepúsculo dos ídolos*). Mas atenção! Esse nada não é um absoluto de negatividade opondo-se ao Ser, é um nada de *valor* que remete à normatividade da interpretação vital. Assim Nietzsche se apressa em acrescentar: "E nem mesmo o nada – mas apenas o que é fútil, absurdo, doentio, fatigado, toda espécie de borra no copo vazio de sua existência" (*Crepúsculo dos ídolos*).

Por conseguinte, uma tal crise não nos encerra no irremediável. Ao contrário, ela nos obriga a sondar as origens da ideologia que garantiu a promoção da decadência, para que depois possamos inventar os valores que celebrarão a vida autenticamente criadora: "De início haverá de parecer que o mundo perdeu em valor, pelo menos teremos *esse sentimento*; neste sentido, mas apenas neste sentido, somos pessimistas, com a vontade de admitirmos sem reticência essa transvaloração, ao invés de salmodiar, ao velho estilo, um consolo ilusório qualquer. Neste próprio fato encontraremos a emoção que nos levará a criar *valores novos*" (*Vontade de potência* II).

Nietzsche traça aqui um duplo programa: primeiro, *criticar o Idealismo*, enquanto responsável pelo niilismo moderno, e portanto "superar a metafísica"; a seguir, operar *a transmutação de todos os valores*, para substituir a humanidade decadente pelo super-homem: "'*Todos os deuses morreram, o que agora queremos é que viva o Super-Humano*'; um dia, em pleno meio-dia, esta será nossa vontade suprema" (*Assim falou Zaratustra*).

As etapas do niilismo

No entanto, não é possível sair de um salto do niilismo. É preciso percorrer pacientemente suas diversas etapas, até o instante crucial em que a iminência do desastre absoluto há de desencadear – se a filosofia soube preparar as condições para tal – a superação salvadora. Eis como Nietzsche nos narra *a história* do niilismo.

O niilismo tem como prelúdio o *pessimismo*, mistura de desgosto, nervosismo, nostalgia, onde também assoma o *spleen* romântico e encontra sua justificação especulativa privilegiada na filosofia de Schopenhauer. Esta recorre à dor para proclamar, em teoria, a superioridade do não-ser em relação ao ser e assim exortar, na prática, à destruição do Querer-Viver por meio de uma ascese calcada no ensinamento budista. Nisso ela mostra sua cumplicidade com as tendências mais perniciosas da própria decadência, pois, retruca Nietzsche, "o simples fato de perguntar se o não-ser não vale mais que o ser é, por si só, uma doença, um sinal de decadência" (*Vontade de potência* II).

O pessimismo não propõe um enfrentamento leal do nada, favorecendo antes a busca de escapatórias. É por isso que ele desemboca no *"niilismo incompleto"*, o qual reconhece a queda dos antigos valores, mas se recusa a pôr em dúvida o fundamento ideal deles. O niilismo incompleto substitui Deus pelo culto dos ídolos.

A acuidade da visão crítica de Nietzsche então lhe permite prever o caráter nocivo de uma modernidade cujos danos hoje sofremos cruelmente: fanatismo, sectarismo, totalitarismo, esses três tipos de fugas para o niilismo incompleto!

Nietzsche aponta duas fontes de purulência. A primeira é a luta entre a tradição religiosa e os "livres pensadores". Esses livres pensadores, longe de serem os ateus íntegros e corajosos que seriam necessários para repelir a mentira da religião, não passam de cristãos laicizados; eles não eliminaram o Deus do cristianismo senão para conservar mais piedosamente ainda a moral cristã. Portanto, Nietzsche os trata como inimigos na medida em que esses livres pensadores ameaçam se contrapor à sua estratégia "imoralista". Pois, repete ele, "quando se renuncia a Deus, os indivíduos se agarram ainda mais firmemente à moral" (*Vontade de potência* II) – o dever kantiano substitui o Deus morto. A outra ameaça, segundo Nietzsche, são as doutrinas socialistas. Nietzsche certamente nunca leu Marx, não teve nenhum contato com os escritos marxistas nem com o movimento operário europeu; seus juízos sobre o socialismo, portanto, devem ser passados pelo mais rigoroso crivo. Isso não impede que esses mesmos juízos, na medida em que derivam de uma reflexão admiravelmente pertinente sobre o niilismo, sejam dos mais eficazes para libertar o socialismo de suas concessões à lógica da modernidade e, assim, livrá-lo dos desvios e becos sem saída em que se extraviou. Nietzsche enxergou especialmente bem os riscos da sacralização (niilista) da História e do Progresso, bem como do moralismo revolucionário, aqui disfarçado em apologia da felicidade coletivista e obrigatória.

O niilismo incompleto é apenas uma transição. O avanço do nada é irresistível. Breve se impõe o "*niilismo passivo*". Agora, a falta de fundamento se tornou uma evidência central e universal, e todos os antigos valores são tragados por esse abismo. Mas a lucidez da inteligência vem acompanhada por uma abdicação completa da vontade. Em vez de mobilizar a vontade para criar valores novos, renuncia-se; tem-se prazer no espetáculo da inanidade universal; ressurge um idealismo que serve para preparar a extinção do desejo. "O olho do niilista *idealista en laid*, ele é infiel a suas lembranças; deixa que caiam, que se desfolhem; não as protege contra essa descoloração pálida que a fraqueza espalha sobre as coisas distantes e passadas. E o que ele faz consigo mesmo, também o faz com todo o passado do homem: deixa-o cair" (*Vontade de potência* II).

Mas esporadicamente subsiste energia suficiente para que, ao lado da indolência desabusada do niilismo passivo, erga-se a revolta deliberadamente destruidora do "*niilismo ativo*". Os decadentes mais ferozes e, ao mesmo tempo, mais clarividentes exigem uma derrocada universal dos valores; não se contentam mais em assistir à ruína dos antigos ideais e eles mesmos se tornam os incendiários. A festa da aniquilação, a fúria do terrorismo é sua última oportunidade. "A variedade humana *mais malsã* da Europa (em todas as classes) é o terreno de cultura desse niilismo [...] Esses homens não querem apenas se extinguir passivamente, e sim *extinguir* voluntariamente tudo o que nesta altura está privado de sentido e de finalidade, mesmo que seja apenas uma convulsão, um furor cego" (*Vontade de potência* II).

Até aqui, todas as formas do niilismo apresentadas tinham como característica comum o fato de ser uma capitulação diante do nada revelado pela morte de Deus. Mas eis que, com a última fase, desenha-se a esperança de uma autêntica superação do próprio niilismo. Agora entra em jogo a vontade de potência afirmativa, aquela que, optando pela vida contra o nada, decide criar valores em vez de se lamentar servilmente pela morte de Deus. Visto deste ângulo, o conjunto do niilismo aparece como a inevitável contrapartida de um novo e vigoroso avanço da Humanidade. É preciso saber que tal vontade afirmativa necessita ser despertada, educada, sustentada pela mais severa seleção. Estamos, pois, diante de um "*niilismo clássico*" ou "*extático*", em que o rigor das exigências será a pedra de toque para distinguir entre os decadentes e os criadores e, com essa pedagogia da seleção trágica, produzirá "homens que terão *todas* as qualidades da alma moderna, mas que terão a força de transformá-las em saúde" (*Vontade de potência* II). Em suma, é preciso "comandar a humanidade para obrigá-la a se superar. Conseguir que ela se supere, *por meio de doutrinas que a farão perecer, exceto aquelas que as sustentarão*" (*Vontade de potência* II).

A aproximação do Último Homem

Quando Zaratustra, o porta-voz de Nietzsche, resolve sair de seu retiro para falar ao povo, seu discurso pretende justamente provocar aquele despertar da vontade que, para além do niilismo, permitirá alcançar o super-homem. Tal discurso ilustra bem essa educação da vontade de potência afirmativa que, espera Nietzsche, forjará as armas do "niilismo extático". Zaratustra procura despertar a vocação criadora espicaçando entre os ouvintes o orgulho do desprezo. Não é o desprezo o estimulante mais eficaz da criatividade, pois obriga o indivíduo a superar a si mesmo, pelo receio de se assemelhar ao que é vergonhoso e medíocre? Ora, ensina Zaratustra, "o que há de mais desprezível no mundo" é "o Último Homem" – o homem aviltado, sem fibra e subjugado que, frente à catástrofe da morte de Deus, escolhe se atolar no pântano da "felicidade"; em suma, o homem que se julga "esperto" porque prefere fruir mesquinhamente em vez de combater heroicamente: "A terra então se tornará pequena, e se verá saltitar o Último Homem, que apequena todas as coisas. Sua laia é indestrutível como a do pulgão; o Último Homem é aquele que viverá mais tempo" (*Assim falou Zaratustra*). Adivinha-se a receita dessa felicidade: a eliminação engenhosamente programada de tudo o que, na realidade, é fonte de conflitos, de lutas, de tensão – e, portanto, de superação. Trata-se de reduzir a existência humana a uma sonolência prazerosa e ininterrupta, a uma irresponsabilidade contente. Reconhece-se aí o ideal da "sociedade de consumo" moderna, versão técnica e publicitária do niilismo passivo.

Ora, Zaratustra se apercebe consternado que o povo, longe de desprezar o niilismo hedonista do Último Homem, reivindica-o a altos brados e mostra apenas indiferença pelo projeto do super-homem!

Sutil prova da perspicácia de Nietzsche. Pois Nietzsche nos adverte, com essa fábula, que a tarefa de vencer o niilismo será não só mal interpretada, mas abertamente sabotada pela modernidade, cujo princípio é a sacralização da felicidade de massa, a idolatria do "prestígio social".

A "luta final" não será a que previa Marx; ela oporá o filósofo trágico ao niilismo da massificação planetária.

Capítulo II
Superar a metafísica

O niilismo moderno é a consequência direta desse pensamento "metafísico" que se impôs como a ideologia de toda a civilização ocidental. Com efeito, é o pensamento metafísico que, na crise niilista, revela que seu fundamento não passava de um fundamento ilusório; um puro nada hipostasiado como "mundo suprassensível" e dotado de todos os encantos do Ideal! Para derrotar o niilismo, portanto, é preciso que haja uma libertação definitiva desse Idealismo metafísico. Nietzsche atribui a essa libertação a tarefa de "superar a metafísica", dando ao verbo "superar" um sentido tipicamente nietzschiano, em que se concentram especialmente todas as significações inerentes à noção de "vontade de potência": a *negatividade* da reflexão crítica, a *força* mostrada no próprio ato de superar, enfim – com uma nuance propriamente *dialética* – a ideia de que o impulso para superar mobiliza também um fator essencial daquilo que é superado, de modo que o resultado não é uma simples destruição, e sim a produção de uma verdade *superior*.

Analisemos em detalhe as principais características do Idealismo "metafísico".

O dualismo moral

O pensamento metafísico se empenha em desconhecer essa determinação essencial da realidade: a mescla, pela qual os diversos elementos constitutivos de um ser real correspondem a negações e a afirmações indissociavelmente solidárias entre si. Ele pretende, pelo contrário, romper essa conivência, porque ela desconcerta, perturba e causa a impressão de que os valores mais altos se encontram "maculados" pela mescla com antivalores, por exemplo o espírito com a matéria, ou, de forma mais expressiva, o ser permanente com o fluxo do devir. Sobre este último ponto, aliás, ele é taxativo: o ser verdadeiramente ser não pode vir a ser; logo, é imutável e não pertence à mesma esfera de inteligibilidade a que pertence o mundo entregue aos caprichos da mudança. Da mesma forma, se os sentidos e a razão são discordantes, eis aí a prova de que não cooperam senão sob coerção e que visam a formas de realidade incompatíveis. O pensamento metafísico, por conseguinte, decreta que a ambiguidade, as modificações, as misturas do mundo que recaem sob nossa experiência são aparências enganosas, e que é preciso conceber para além delas uma organização totalmente diferente, onde os elementos aqui antagonistas são dissociados e reagrupados segundo suas verdadeiras afinidades, para constituir dois sistemas irredutíveis, um deles efetivamente real (o dos "valores superiores") e o outro uma ilusão efêmera. "A crença fundamental dos metafísicos é *a crença na antinomia dos valores*" (*Além do bem e do mal*).

Qualificamos esse dualismo de "moral" para frisar não só que o terreno preferido em que ele se exerce é a Moral, mas também e principalmente que ele é gerado por uma interpretação moralizante do mundo. Segundo ela, o bem se opõe absolutamente ao mal, suas naturezas e suas origens nada têm em comum. Sua atual conjunção apenas manifesta um estado de corrupção cuja causa deve ser buscada numa falta ético-religiosa. É, diz Nietzsche, "o fanático moral que acredita que o bem só pode provir do bem, só pode crescer a partir do bem" (*O viajante e sua sombra*). Pelo termo "mal" deve-se entender tudo o que, direta ou indiretamente, provoca sofrimento, angústia, mudança e morte – em suma, *o negativo*, ao passo que o bem designa "um ideal que não deve ter em si nada de nocivo, mau, perigoso, ambíguo" (*Vontade de potência* II).

Diante de cada realidade, a reflexão dualista se empenha em dissociar meticulosamente positivo e negativo, valores e antivalores, e assim imagina restaurar, pelo menos como regra para a conduta, o ideal de um reino original imaculado. Evidentemente, são os instintos, as paixões, os desejos que arcam com o ônus dessa dissociação purificadora: "Exige-se que o homem castre os instintos que lhe permitem odiar, prejudicar, se encolerizar, exigir vingança. Essa concepção contra a natureza corresponde à ideia dualista de um ser inteiramente bom ou inteiramente mau (Deus, o Espírito, o homem), que reúne no primeiro caso todas as forças, as intenções e os estados positivos, no segundo caso todas as forças, as intenções e os estados negativos" (*Vontade de potência* I).

Além do fato de que, na prática, essa separação logo é esquecida, de forma que o paladino do Ideal não hesita em utilizar todos os recursos do mal para assegurar o triunfo do bem, Nietzsche observa que o negativo, excluído com tanta precipitação e hipocrisia, é o fermento indispensável de toda *criação*; empenhar-se em eliminar esse mal-negativo é, portanto, matar no homem o princípio vital da superação de si, degradar o homem a um "animal de carga", fraco e mesquinho. Por trás das condenações proferidas em nome da virtude, logo se descobre o ódio contra os inovadores, a desconfiança invejosa diante da bela individualidade capaz de autonomia e de invenção: "O novo, de qualquer modo, é *o mal*, visto que é o que quer conquistar, derrubar as fronteiras, abater as antigas devoções; só o antigo é o bem!" (*A gaia ciência*).

Nietzsche substitui o dualismo pela compreensão da gênese que torna novamente fluidos os antagonismos artificialmente enrijecidos e restaura com incessantes mesclas a continuidade móvel do real. Ele tem consciência de seguir uma orientação análoga à do hegelianismo e, no elogio que faz à dialética de Hegel no quinto livro da *A gaia ciência* e no prefácio de *Aurora* (datado de 1886), é uma de suas intuições mais caras que ele aplaude: a intuição de que não existem substâncias estanques e inertes, e que tudo é uma perpétua metamorfose. Trata-se, porém, apenas de uma afinidade que, por outro lado, mostra as divergências irreconciliáveis entre os métodos de Hegel e os de Nietzsche. O panlogismo hegeliano, tanto quanto o imperialismo do "sistema" e a teodiceia subjacente à dialética da razão na História, continua a refletir, aos olhos de Nietzsche, o espírito funesto do pensamento metafísico. Feitas tais ressalvas, seria mutilar seriamente a filosofia de Nietzsche se, por ignorância dos textos ou pelo gosto de contrastes provocadores, deixasse-se de lado a concordância de Nietzsche com Hegel sobre o papel da negação, e mais exatamente da contradição, na gênese da realidade; e, portanto, a recusa de ambos do dualismo com que se compraz o "entendimento separador".

A calúnia dos sentidos e do sensível

O dualismo metafísico é igualmente devastador em seu tratamento dos conceitos de "fenômeno" e "realidade". Ao invés de ver no fenômeno a manifestação exigida pela própria essência da realidade (como ensina Hegel), esvazia-se ou avilta-se o fenômeno até reduzi-lo a uma "aparência" vã, a fim de intensificar por oposição o brilho de uma realidade, assim concebida pelo modelo de um absoluto despido de qualquer tipo de relação. A aparência desliza para o nada, ao passo que o real, erigido em absoluto, reina em sua solidão inviolável, desprezando qualquer manifestação. Esta cisão não é, porém, um terrível contrassenso em relação à própria aparência? Sem dúvida alguma, porque – responde Nietzsche – "como posso dizer alguma coisa de um ser, que não seja os atributos de sua aparência! Certamente não uma máscara inanimada que se pode pôr ou tirar de um X desconhecido! A aparência é, para mim, a vida e a própria ação, a vida que zomba de si o suficiente para me fazer perceber que ali há apenas aparência, fogo-fátuo, dança dos elfos, e nada mais" (*A gaia ciência*).

O gume da crítica, naturalmente, dirige-se contra a famosa teoria kantiana da "coisa em si", pedra angular da distinção entre o "mundo inteligível" e o "mundo sensível". Embora aqui também Nietzsche possa reivindicar a assistência de Hegel (que fez uma refutação magistral do conceito kantiano da coisa em si), a rigorosa pertinência de sua crítica não está garantida; mesmo que certas apresentações do conceito em Kant ofereçam o flanco às objeções, um exame mais demorado da doutrina mostra que a pretensa divisão não tarda a explodir, para mostrar uma infinidade de mediações tecidas entre o fenômeno e a coisa em si, então convertida em "númeno", no sentido mais fecundo da palavra, ou seja, como "o que há a pensar". Mas, quaisquer que sejam as retificações que podem ser feitas, a polêmica nietzschiana mantém sua plena validade contra o preconceito que, para a teoria kantiana da coisa em si, mantém-se nos bastidores. Pois, em última análise, a questão continua a ser a hostilidade em relação aos sentidos em geral, a qual se traduz justamente no conflito entre os sentidos e a razão, especialmente sob a forma da luta entre a sensibilidade e a razão prática, ou seja, a razão na medida em que promulga a lei moral. Aqui estamos novamente no terreno do Idealismo moral!

Kant prolonga uma tradição que, segundo Nietzsche, começa com Platão e que se dedica a uma calúnia metódica dos sentidos e do corpo, acusados de nos ludibriar no plano do conhecimento e de nos perverter no plano da conduta. Não são os sentidos e o corpo responsáveis pelas ilusões de nossa representação ingênua do mundo, não nos sujeitam à finitude, à dor e à morte que reinam neste mundo? A intransigente dissociação entre o "mundo verdadeiro" e as "aparências" fornece o correlato ontológico da distinção existencial entre a alma e o corpo; correlato que é necessário para garantir, em última instância, a salvação moral e religiosa da pessoa. Nietzsche desenterra sob tais argumentos, uma vez mais, as motivações idealistas, características da decadência: o medo do devir, a angústia perante os instintos, a nostalgia por um estado de quietude que dispensaria o homem do esforço e da criação. Aplicada aqui, a exortação nietzschiana para superar a metafísica significa, então, reabilitar os sentidos e o sensível, subtraindo-os à malevolência da reflexão moralizante, para pensá-los em sua função autenticamente criadora: como o grande ateliê da produção das formas; em suma, como os artistas primitivos [*naïfs*] da vida!

A fábula do "ser"

Nietzsche se estabeleceu a tarefa de "*superar os filósofos anulando* o mundo do ser" (*Werke* XVI). De fato, ele considera que, desde Parmênides e sob a influência dos comentários mais ou menos desnorteantes que o platonismo teceu sobre a austera doutrina parmenidiana do "ser", a filosofia se perdeu nos becos sem saída de uma "ontologia" metafísica. Isso significa que a filosofia se tornou um discurso racional (*logos*) sobre o ser (*on*), na intenção de apreender seus predicados transcendentais; pois os atributos que se desvendarão a respeito do "ser" determinarão a essência de um fundamento suprassensível que terá o privilégio de rebaixar o devir sensível, por contraste, ao nível de uma simples ilusão.

É de extrema importância, se não se quiser colaborar no desmantelamento moderno que acarretará a derrocada fatal da filosofia, ter em mente esta ideia: a crítica nietzschiana do "ser" (por isso colocado entre aspas!) demole a concepção do ser na ontologia tradicional, mas sem atentar de maneira alguma contra o privilégio desta palavra para a determinação da filosofia em sua essência pura (portanto, é preciso continuar a escrever: o Ser, de preferência com letra maiúscula). Prova disso é o duplo valor antagônico que o termo ser assume nos textos nietzschianos, conforme se refira ao Ideal da ontologia metafísica ou estruture o discurso original de Nietzsche. Há aí um duplo registro que deve ser escrupulosamente respeitado.

O "ser" tomado como alvo por Nietzsche pode ser definido por três principais determinações: ele é *evidente*, *substancial* e *transcendente*.

O primeiro predicado – a evidência – está presente na célebre identidade parmenidiana entre o Ser e o pensamento, a qual, segundo Nietzsche, inspira em maior ou menor grau todas as fórmulas utilizadas pelas diversas escolas filosóficas para especificar como o Ser é inteligível. Essas fórmulas cobrem uma vasta gama, desde a afirmação racionalista mais ambiciosa até as declarações intuicionistas mais apaixonadas pelo irracional; mas elas postulam em comum, justamente, a necessidade de uma revelação do Ser, onde o Ser se manifesta, com plena evidência, ao pensamento. Nietzsche, por seu lado, não contesta naturalmente que o Ser é uma manifestação de *sentido*, visto que admite igualmente a possibilidade de uma interpretação; mas, ao atacar a identidade parmenidiana e suas múltiplas variantes, ele tenta romper com o preconceito que leva a converter o conhecimento numa *assimilação* do objeto com o sujeito, em outros termos, numa *conformidade absoluta* (imediata ou conquistada) entre o Ser e os imperativos do conhecimento. Ou, ainda, Nietzsche nos adverte contra a crença numa presença evidente do Ser – quer ela solicite a razão, a intuição ou alguma outra faculdade do espírito. Com essa advertência, a filosofia de Nietzsche recusa de antemão todos os rótulos habituais e coloca o problema do conhecimento num terreno novo e muito promissor: o do pensamento *interpretativo*!

Insistamos, de passagem, sobre a crítica do racionalismo. Diz Nietzsche: "Desconfio que não há adequação entre as coisas e o pensamento. Na lógica, de fato, reina o princípio de contradição, o qual não vale *talvez* para as coisas, que são de natureza diversa e oposta" (*Werke* IX 187). Segundo Nietzsche, foi Sócrates quem deu o mau exemplo desse excesso de confiança nos poderes da razão humana. Mas, nisso, ele apenas proclamou em alta voz o desejo secreto de todo filósofo, pois "os filósofos são justamente aqueles que têm maior dificuldade em se libertar da crença de que os conceitos fundamentais e as categorias da razão pertencem por natureza ao império das certezas metafísicas; eles creem sempre na razão como um fragmento do próprio mundo metafísico" (*Vontade de potência* I). O sistema de Hegel, aliás, é a confirmação em pleno século XIX da observação de Nietzsche, visto que esse sistema, partindo da asserção de que a razão é a realidade em sua essência mais íntima, reduz a antiga memória geral à Ciência da Lógica e assim faz da racionalidade o Absoluto em si e para si; com a vantagem sobre as outras variedades de racionalismo de que o Absoluto hegeliano, em virtude da dialética, integra à sua eternidade a totalidade do devir e funciona como uma maravilhosa máquina de transformar a aparência em essência, o contingente em necessário, o acaso em destino!

Mas a ciência, por sua vez, cai sob o golpe da crítica nietzschiana precisamente por causa de seus vínculos essenciais com o racionalismo, os quais também são, de certa maneira, uma herança socrática. Desde *O nascimento da tragédia* Nietzsche estabeleceu uma antítese entre Sócrates e Dioniso, para expressar o conflito radical entre o otimismo lógico chamado a guiar a ciência e a concepção trágica do mundo, que animará a filosofia da vontade de potência. A ciência, de fato, não só repousa sobre a fé metafísica no valor *incondicional* da verdade, como também subordina a descoberta da própria verdade ao exercício exclusivo da *razão*, aliás sem se dar conta de que assim sufoca, sob um preconceito moral, os direitos dessas verdades mais originárias e mais decisivas buscadas pelo pensamento interpretativo: "Com que ingenuidade", admira-se Nietzsche, "transferimos nossas avaliações morais para as coisas, por exemplo, quando falamos de *leis naturais*! Poderia ser útil experimentar alguma vez um modo de interpretação *inteiramente diferente*, para compreender por esse absoluto contraste a que ponto *nosso cânone moral* (primado da verdade, da lei, da razão etc.) *rege toda a nossa pretensa ciência*" (*Vontade de potência* II). É urgente, pois, denunciar a presunção daqueles sábios que "creem num 'mundo do verdadeiro' que nossa pequena razão humana, nossa pequena razão grosseira, finalmente poderia alcançar... Ora! Desejamos realmente deixar assim se degradar a existência? Rebaixá-la ao nível de operação de cálculo, convertê-la num pequeno exercício para matemáticos?" (*A gaia ciência*).

O segundo predicado do "ser" – a substancialidade – reúne em si diversas determinações. Definir o Ser como substância é pensá-lo sob as categorias da *unidade*, da *permanência* e da *identidade*. A substância é, com efeito, tal como explica Nietzsche, um ser "único e absoluto e imutável e satisfeito e imperecível" (*Assim falou Zaratustra*). A aplicação brutalmente dogmática da categoria do Uno tem como consequência esmagar sob a autoridade da substância a frágil rede das múltiplas individualidades que correspondem, cada uma delas, a um certo "ponto de vista" sobre o mundo; o "perspectivismo" fundamental do conhecimento se apaga, de tal forma que se pode instalar sem resistências a ficção de um saber universal, cuja verdade se funda no Uno substancial e exclui a pluralidade das interpretações. A categoria da permanência, por sua vez, serve para desacreditar, por oposição, a realidade do devir; portanto, conclui Nietzsche, na medida em que o "ser" é a substância permanente, "*a crença no ser* se revela como mera consequência: o autêntico *primum mobile* é a descrença no devir, a desconfiança em relação ao devir, a depreciação de todo devir" (*Werke* XVI § 585 A). Quanto à categoria da identidade, ela interessa particularmente ao metafísico, por proteger o "ser" da contradição e permitir, por outro lado, rejeitar tudo o que encerra a menor contradição para a ilusão e a aparência vã; eis a totalidade do mundo sensível definitivamente separada do Ser! A aliança entre esses três impressionantes atributos confere assim ao conceito da substância o estatuto de categoria mestra para a ontologia metafísica; analisando-o sob um olhar crítico, Nietzsche recapitula toda a história da metafísica ocidental desde o ser de Parmênides até o Absoluto-Identidade de Schelling, passando pela doutrina platônica das Ideias, a *ousia* de Aristóteles, o atomismo de Demócrito e Epicuro, a *res* cartesiana, a *Substância* spinozista e a "coisa em si" de Kant. O niilismo moderno não é senão, precisamente, a autocondenação dessa ontologia metafísica, pois "retiramos dela as categorias de '*fim*', de '*unidade*', de '*ser*', graças às quais demos um valor ao mundo – e o mundo parece *ter perdido todo valor*" (*Vontade de potência* II).

Entrando em jogo a categoria da "transcendência", que atribui o terceiro predicado ao "ser", esclarece-se a significação do próprio qualificativo "metafísica", que constantemente fazemos acompanhar o termo ontologia. Ela ressalta que o Ideal do mundo inteligível, da substância absoluta existente em si, resulta do mecanismo psicológico da "projeção": o homem *aliena* a verdadeira natureza de seu ser instalando, *para além do mundo sensível* (portanto, "meta-física" significa: além – *meta* – da natureza – *physis*), a ficção de um outro mundo dotado de todas as qualidades reivindicadas pelo desejo humano; assim ele se torna aquilo que Nietzsche, ironicamente, chama de "o alucinado do mundo-por-trás". "O homem", prossegue ele, "projeta seu impulso para a verdade, seu 'fim', de certa maneira, fora de si para criar um mundo do '*ser*', um mundo metafísico, uma '*coisa em si*'" (*Werke* XVI § 552).

A crítica do cogito

As ilusões que alimentaram a fábula do "ser" contribuíram simultaneamente para moldar uma imagem aberrante do homem e para falsear a pesquisa psicológica, em seu conteúdo e método.

O erro principal consiste em considerar a *consciência* como a essência do homem e, por conseguinte – em virtude da crença metafísica numa harmonia preestabelecida entre o homem e o "ser" –, o guia infalível que deve nos conduzir até as verdades últimas do "ser". Na realidade, não se alcançará jamais, com sorte, senão o conceito de um Deus-Espírito, garantidor da Moral, isto é, o simples reflexo idealizado da imagem *alienada* do próprio homem! O cogito, portanto, não é o campo de experiência privilegiado, nem o critério para uma investigação filosófica do homem e do mundo. A aparente evidência dos "fatos" da introspecção e da consciência reflexiva se apaga no momento em que se aceita reconhecer o estrito "*fenomenismo na observação de si*" (*Vontade de potência* I). Ele impede, particularmente, que se considerem os acontecimentos psíquicos como dados imediatos que, na e para a consciência, revelariam toda a sua significação. A verdade, pelo contrário, é que os acontecimentos psíquicos são um *texto* que é preciso aprender a decifrar com as mesmas precauções e os mesmos escrúpulos com que se decifra o texto da natureza exterior. Sob este aspecto, o recurso à intuição, mesmo derivado de uma crítica cuidadosa das formas habituais do conhecimento consciente (como recomenda Bergson), estaria fadado ao fracasso. Pois, repete Nietzsche, "nada vem à nossa *consciência* sem antes ter sido completamente modificado, simplificado, esquematizado, interpretado" (*Vontade de potência* I).

A argumentação de Nietzsche prefigura a da psicanálise. Ela também privilegia, com grande abundância de observações e provas, a noção de *inconsciente*. Mas as semelhanças vão ainda mais longe: tanto para Nietzsche quanto para Freud, o fundo do inconsciente é constituído pelas pulsões (Nietzsche utiliza a palavra "instintos"). As divergências surgem, por outro lado, quando se passa para a forma de caracterizar essas pulsões: a vontade de potência invocada por Nietzsche não corresponde exatamente ao que Freud denomina com os termos libido e pulsão de morte (em todo caso – e apesar de um persistente mal-entendido – a interpretação nietzschiana está bem mais próxima de Freud que a doutrina de Adler, o qual, no entanto, se remetia a Nietzsche). "Todos os nossos motivos conscientes", escreve Nietzsche, "são fenômenos de superfície: por trás deles desenrola-se a luta de nossos instintos e de nossos estados: a luta pelo poder" (*Obras póstumas*).

Agora estando abalada a antiga autoridade do cogito, Nietzsche se dedica à desconstrução de cada noção ou princípio anexo. Assim, ele começa mostrando que a ligação causal, longe de traduzir uma realidade de fato, é apenas uma explicação grosseiramente simplificadora do verdadeiro processo psíquico; ela substitui a complexidade de uma dinâmica em vários níveis por uma relação unidimensional e similar a um atomismo mental em que cada acontecimento se encontra cristalizado num "estado" isolado dos outros numa linha abstrata. O paralelismo psicofisiológico não é menos pernicioso como explicação. É preciso igualmente renunciar a qualquer psicologia das "faculdades". A "vontade" é o principal alvo dessa rigorosa depuração. Contra as teses de Schopenhauer, Nietzsche (que se lembra das lições de Spinoza) objeta: primeiro, a vontade não é absolutamente um "fato" apreendido por uma intuição imediata; depois, tampouco é o termo de uma dedução correta, pois ela assume o papel de uma "faculdade" e, portanto, serve apenas para corroborar, sob a capa do conceito de "motivação", a velha doutrina do causalismo psicológico. Nem mesmo a dissociação, capital no sistema de Schopenhauer, entre "querer" e "pensar" escapa à observação: Nietzsche não deixa de levantar seus reparos durante um novo estudo do fenômeno volitivo, estudo que considera uma espécie de modelo para investigações ulteriores que pretenderem respeitar a complexidade do fenômeno a ser descrito (cf. *Vontade de potência* I e *A gaia ciência*).

Para concluir, é o conceito central do "sujeito" que se desmorona, ao se retirarem os conceitos de unidade, causalidade e substância que o sustentavam. Pois o que é o sujeito senão o ser pensante dado como o "autor" de toda a atividade psíquica, ou ainda o eu que, investido da identidade e da permanência, assegura a unificação dos eventos psíquicos? Nietzsche, ao recusar esse sujeito, desmantela o raciocínio cartesiano que ia do cogito à *res cogitans*; a seu ver, Descartes aqui é vítima da linguagem, cuja vocação é justamente impor o conceito de substância, que tem no sujeito sua ilustração mais capciosa: "Dizer que, se existe pensamento, deve existir algo 'que pensa' é apenas uma maneira de formular, própria de nosso hábito gramatical que para toda ação supõe um sujeito ativo"

(*Vontade de potência* I). Mas a crítica também atinge Kant por ricochete, pois, acrescenta Nietzsche, só é possível introduzir um *Eu penso* transcendental, para assegurar a unificação sintética do diverso, equivocando-se sobre a significação da própria unidade. Pois "se eu tenho alguma unidade em mim, certamente ela não consiste em meu eu consciente, no sentir, no querer, no pensar; ela está em outro lugar, na sabedoria geral de meu organismo, ocupada em se conservar, em assimilar, eliminar, ter atenção ao perigo; meu eu consciente não passa de seu instrumento" (*Vontade de potência* II). Nietzsche esboça aí uma de suas interpretações mais audaciosas: é *o corpo* que seria a origem da unidade que o eu lhe usurpa; melhor: esta própria unidade orgânica pode ser talvez apenas um simples fenômeno derivado, ocultando a colaboração de várias instâncias vitais, cuja hierarquização *significaria* a unidade do indivíduo como tal (cf. *Vontade de potência* I).

O Idealismo

Cavando-se sob o sistema dos predicados do "ser" e sob as falsas evidências do cogito, traz-se a descoberto *a essência* da ontologia metafísica; apenas então pode-se ter a esperança de superar a metafísica – livrando-se do niilismo que consuma sua ruína –, porque aqui o que está em jogo é radical e a radicalidade exige a compreensão dos princípios neles mesmos, a penetração na essência. É este, precisamente, o alcance desse pensamento decisivo de Nietzsche, que desvenda o Idealismo no fundamento da ontologia metafísica: "Se somos 'desencantados', não o somos em relação à vida, mas porque nossos olhos se abriram em relação a toda espécie de 'bens desejáveis' [...] nós nos desprezamos apenas por não sabermos reprimir de imediato essa emoção absurda que se chama 'idealismo'" (*Vontade de potência* I).

O termo "Idealismo" citado por Nietzsche não se refere (pelo menos de maneira direta) ao problema, clássico em filosofia, de saber se o mundo exterior tem uma realidade em si ou se ele se reduz ao conjunto de nossas representações sobre ele; o termo designa a atitude, ao mesmo tempo existencial e especulativa, que implica a confusão entre o Ser e o Ideal; dito em outras palavras, *a definição do Ser como o mundo por detrás sacralizado que deve necessariamente concordar com nossos desejos* mais ardentes, mais secretos e mais persistentes. Pois o Ideal, explica Nietzsche, é "*a ficção de um mundo* que responde a nossos votos" (*Vontade de potência* II). Daí decorre que o Ser é, por natureza absoluta, o Bem ou aparentado ao Bem. E Nietzsche multiplica as referências à história da filosofia, para estabelecer que a identificação ou o parentesco entre o Ser e o Bem é o fio condutor que liga todas as doutrinas entre si, desde Platão até Hegel e mesmo a Schopenhauer (neste último, de fato, o princípio continua dominante, mas figura sob sua forma negativa, na medida em que se reconhece impossível o Ideal, e esta posição acarreta uma espécie de suicídio metafísico do Querer-Viver). É fácil ver que a teoria hegeliana do Espírito absoluto, como aliás todas as espécies de racionalismo (inclusive o das ciências!), está edificada sobre o postulado do Ideal, mas, em geral, é preciso manter a máxima vigilância para detectar essa presença constante do Ideal, pois os filósofos dedicam imensa paciência, astúcia e esperteza a suas tentativas de atrair camuflagens que protegem o Ideal contra a dúvida! Prova disso é o kantismo. Com o kantismo "abria-se um caminho tortuoso rumo ao ideal antigo, o conceito do 'mundo-verdade', o conceito da moral como *essência* do mundo (esses dois piores erros que existem!) era de novo, se não demonstrável, pelo menos impossível de refutar, graças a um ceticismo sutil e astucioso" (*O anticristo*).

O Idealismo encontra seus auxiliares mais eficazes justamente na separação, produtora do dualismo, e na projeção, princípio da transcendência suprassensível. Assim, é o Ideal que inspira a dupla operação que desemboca na fábula do "ser" como mundo por detrás dotado de substância, cujos principais predicados analisamos em detalhe. Com efeito, qual é a imperiosa necessidade do Ideal? Ser preservado da mácula que resultaria se ele se misturasse à realidade sensível e acumular todas as vantagens cuja falta ou insuficiência aqui na terra é fonte de dor e de medo; e o que poderia melhor lhe fornecer esse estatuto, a não ser o dualismo e a projeção metafísica? Esta lhe assegura a permanência, a identidade, a lógica, a unicidade absolutas; aquele lhe garante a oposição maniqueísta dos valores...

Mas, além da estrita determinação do Ideal como essência da ontologia metafísica, cabe também discernir qual é, nesse contexto, *o critério da verdade*. Esse critério, diz Nietzsche, é *o prazer*, *a felicidade*, em suma a satisfação que resulta da harmonia entre a realidade do Ser e o desejo. É "verdadeiro" o que é útil, agradável, tranquilizador. Nota-se aqui que, uma vez mais, é a identificação do próprio Ser com o Ideal que condiciona a possibilidade da verdade em sua essência, a partir do momento em que a verdade coincide com o sentimento do agradável. "O homem busca a 'verdade': um mundo que não possa se contradizer, nem enganar, nem mudar, um mundo *verdadeiro* – um mundo onde não se sofre; ora, a contradição, a ilusão, a mudança são causa do sofrimento! Ele não duvida que existe um mundo tal como deveria ser" (*Vontade de potência* II).

Todavia, esse prazer e essa felicidade, assim como o desejo cuja expectativa eles preenchem, caracterizam apenas um certo tipo de vida – *a vida fraca e decadente*, cuja ideologia é a Moral. O Idealismo, portanto, está tão longe de ser a expressão legítima da vida em sua essência que a vontade de potência, enquanto manifestação dos fortes, luta arduamente contra ele e, justamente durante a crise niilista, pretende, se não eliminá-lo (solução extrema que não é autorizada pela natureza da vontade de potência, como veremos mais adiante), pelo menos reconduzi-lo à posição subalterna normal, aquela que, perante os senhores, cabe aos escravos. Assim o combate se trava simultaneamente no plano ideológico e no plano político, e é ilustrado pelo contraste entre as duas figuras míticas do Último Homem e do super-homem. Ao mesmo tempo, obtivemos o conceito claro e rigoroso da Moral, de forma que começamos a entrever também o sentido da famosa proclamação nietzschiana: filosofar "além do bem e do mal" (poupando-nos os absurdos que costumam cercá-la, em particular o de crer que Nietzsche quer suprimir *toda* moral!). Com efeito, a Moral condenada por Nietzsche, na medida em que patrocina o Idealismo da ontologia metafísica, é, segundo uma dupla fórmula decisiva de Nietzsche, "a soma *das condições necessárias à conservação* de uma espécie humana pobre, semi ou totalmente fracassada" (*Vontade de potência* I), em outros termos, "uma idiossincrasia de decadentes guiados pela intenção oculta de se vingar da vida, intenção aliás coroada de êxito" (*Ecce homo*).

A moralização de Deus

Finalmente, sob a influência dessa Moral, o "ser" sob a bandeira do Ideal se confunde com o *Deus da religião cristã*. Assim, a filosofia sempre se alinhou claramente pela teologia ou, quando não se podia mais admitir a franca subordinação, sempre cuidou de respeitar seus dogmas; a abstração dos conceitos filosóficos, ademais, favorecia a manutenção da dependência, pois podia passar facilmente por uma tradução em linguagem laica das palavras-chave da fé religiosa. No limite, bastava salvaguardar as bases morais. Mas essa prudência só ocorreu na época moderna, após os violentos golpes que o Século das Luzes desferiu contra a religião. Antes não se hesitava em *divinizar* os valores e os métodos que tinham a função de facilitar a assimilação do Ser ao Ideal, ou em colocar Deus como fundamento da inteligibilidade e da bondade do Ser. Nietzsche resume a tática habitual da ontologia metafísica da seguinte maneira: "Para Platão, somos os antigos habitantes de um mundo inteligível que é o mundo do bem e, como tais, guardamos uma herança daquela época: a divina dialética, nascida do bem, que leva a todo bem (que nos reconduz de certa maneira ao 'por detrás'). Descartes também tinha a noção de que, num pensamento cristão e moral que acredita num Deus *bom*, criador das coisas, é a veracidade de Deus que nos *garante* os juízos de nossos sentidos. Fora de uma sanção e de uma garantia religiosas conferidas a nossos sentidos e à nossa razão, de onde tiraríamos o direito de ter confiança na existência?" (*Vontade de potência* I). Do ponto de vista da atitude existencial, é evidente, para Nietzsche, que as mesmas motivações – ou, segundo o vocabulário nietzschiano, os mesmos "instintos", que correspondem ao mesmo "tipo" de personalidade humana – estão na origem das doutrinas da ontologia metafísica e na origem da religião cristã. "São instintos", escreve ele, "de seres tomados de *angústia* e ainda submetidos à moral; eles desejam um *senhor absoluto*, um ser amoroso e verídico; em suma, essa necessidade entre os idealistas é uma necessidade religiosa e moral, nascida em almas de escravos" (*Vontade de potência* II).

Isso nos autoriza a concluir que Nietzsche louva o ateísmo? Uma resposta peremptoriamente afirmativa provocaria os piores danos ao pensamento nietzschiano que, aqui e em outras partes, vive apenas de *nuances* e toma como ponto de honra recusar as alternativas rígidas, deleite dos espíritos superficiais. Sem entrar nos pormenores da discussão[5], pode-se apontar as diversas orientações da reflexão nietzschiana sobre o tema, tendo presentes na memória as seguintes ideias, solidamente referendadas pelos textos.

Em primeiro lugar, a demolição do Ideal metafísico leva à ruína de setores inteiros do cristianismo oficial. A "morte de Deus", mais exatamente, significa que a concepção moral de Deus se torna caduca – o que, por conseguinte, obriga a pergunta a se situar decididamente além do bem e do mal, extirpando da religião as imagens do Deus da verdade, princípio da virtude e da segurança; portanto, ela significa também, à luz de uma polêmica tão veemente que muitas vezes adota um estilo panfletário, a denúncia dos costumes, dos gostos, da pedagogia e da mentalidade representativas da tradição das Igrejas, seja do lado protestante ou do lado católico (cf., por exemplo, *Genealogia da Moral* § 22). Nietzsche, nessa linha de ataque, não hesita sequer em taxar a comunidade cristã primitiva e os Pais da Igreja de charlatanismo e de estupidez desonesta. O resultado, então, é uma nítida dissociação entre o cristianismo eclesiástico e o "verdadeiro" cristianismo que, declara Nietzsche, "consistiria na indiferença total aos dogmas, ao culto, aos padres, à Igreja, à Teologia" (*Werke* XV § 159). Mas Nietzsche, pessoalmente, não se pronuncia a favor desse verdadeiro cristianismo; com efeito, isso implicaria um juízo definido sobre o próprio Jesus; ora, quanto a isso, os juízos de Nietzsche se mantêm ambíguos, a despeito de uma evidente simpatia (alimentada, ademais, por uma identificação inconsciente que virá à tona durante a crise de loucura, quando Nietzsche se assina em seus bilhetes, de forma muito reveladora,

---

5. Cf. BLONDEL, E. *Nietzsche: Le cinquième évangile?*, e VALADIER, P. *Nietzsche et la critique du christianisme*. Paris: Cerf, 1974 (do mesmo autor, *Nietzsche, l'athée de rigueur*. Paris: Brouwer, 1975).

como o "Crucificado"). Ele se sente seduzido por certos aspectos da personalidade de Jesus e de seu Evangelho, mas procura manifestamente a solução do problema da existência numa outra direção.

Essa busca, em todo caso, não o leva à praça pública onde se acotovela a multidão ruidosa e presunçosa dos ateus modernos. Nietzsche não poupa palavras duras para estigmatizar a mediocridade de espírito desses "livres-pensadores", nos quais seu olho perspicaz reconhece imediatamente os mascates do antigo Ideal: "Nada ficou mais longe de mim até este momento", escreve ele, "do que a corja livre-pensadora da Europa e da América. Cabeças ocas incorrigíveis, polichinelos da ideia moderna..., fico mil vezes mais irritado com eles do que com qualquer adversário deles. Não querem, eles também, 'melhorar' a humanidade? 'Melhorar' à imagem deles? Declarariam uma guerra mortal ao que sou, ao que quero, se fossem capazes de entender – são unânimes em crer no 'ideal'" (*Ecce homo*). E que não se tente hipocritamente minimizar os danos fingindo pensar que a crítica acerba de Nietzsche fustiga apenas uma seita! Na verdade, Nietzsche já se antecipou e preveniu essa covardia acuando todas as variantes do Idealismo moral que se dissimulariam por trás das bandeiras modernas mais ou menos estridentes: fé no progresso, na ciência, no socialismo igualitarista etc. (não esqueçamos de incluir na lista os rótulos recentes!).

Por fim, desenha-se em Nietzsche, com a figura mítica de *Dioniso*, não certamente uma nova religião, mas talvez uma nova devoção, uma nova compreensão do Sagrado. Evitemos dogmatizar e contemplemos como o enigma surge no horizonte da profecia nietzschiana: "Vocês dizem que é uma decomposição espontânea de Deus, mas é apenas uma muda: ele se despe de sua pele moral. E logo vocês o reencontrarão – além do bem e do mal" (*Vontade de potência* II).

Capítulo III

Interpretação e verdade

O texto e o caos

Mal a filosofia conseguiu se livrar do pântano do dogmatismo metafísico, ela se arrisca a sucumbir à armadilha do ceticismo, substituindo a presunçosa afirmação da identidade entre o Ser e o pensamento pela negação, não menos excessiva, de qualquer participação do pensamento no Ser. O principal interesse da reflexão nietzschiana, neste aspecto, é evitar a armadilha; não por simples habilidade, mas com um remanejamento tão radical dos métodos e dos conceitos do conhecimento que vem a destruir o próprio princípio da alternativa. O tema ao qual ela deve essa libertação é o já anunciado, da *interpretação*. Grande ideia, cuja fecundidade se estenderá muito além da obra de Nietzsche.

Por conseguinte, as formulações de tipo cético que se encontram em Nietzsche visam apenas a fixar os limites dentro dos quais o conhecimento pode se exercer, justamente como interpretação: limites no limiar da pesquisa, bloqueando as vãs pretensões da ontologia metafísica; e limites no avanço da própria interpretação, para impedi-la de deslizar novamente para uma forma de saber absoluto. A interpretação é, assim, aquele conhecimento ágil, ardente e basicamente disponível, aquele conhecimento em mutação perpétua, que é exigido para a exploração do mundo real, pois "nosso mundo é muito mais o incerto, o cambiante, o variável, o equívoco, um mundo perigoso talvez, certamente mais perigoso do que o simples, o imutável, o previsível, o fixo, tudo aquilo que os filósofos anteriores, herdeiros das necessidades do rebanho e das angústias do rebanho, honraram acima de tudo" (*Vontade de potência* II).

A interpretação se estrutura segundo dois conceitos essenciais: o "texto" e o "caos", estreitamente associados aos conceitos de "perspectivismo" e de "valor". A ordem do encadeamento deles é fundamental para a metodologia e o sentido de toda a filosofia de Nietzsche. Coloque-se à frente o caos, e o texto desaparece, subsistindo apenas uma poeira de opiniões subjetivas. O espírito nietzschiano, comprovado pela consulta integral das referências, insurge-se contra essa apresentação, ao mesmo tempo fantasiosa e suicida; ele exige que se trate o conceito do caos como *conceito limite* para pensar o caráter *indefinido* do movimento da interpretação e, portanto, de forma alguma como categoria explosiva que dinamitaria a noção de "texto". Estamos, indica Nietzsche, perante "um texto misterioso e *ainda não decifrado*, cujo sentido se nos revela cada vez mais" (*Vontade de potência* II). O "cada vez mais" é precisamente a localização do limite, sempre fugidio, onde se desenha a proximidade do "caos".

A atividade de interpretação, portanto, apoia-se necessariamente num texto, o qual não é, pois, uma emanação da subjetividade (tenhamos cuidado em não reabsorver o texto na própria interpretação, à maneira dos idealistas!), mas um mundo efetivamente real, dotado de uma consistência própria; de modo que Nietzsche se estende na enumeração das "qualidades *que constituem sua realidade*: a mudança, o devir, a multiplicidade, o contraste, a contradição, a guerra" (*Vontade de potência* I). Aliás, como poderia Nietzsche investir contra a ontologia metafísica qualificando-a de fabulação, se não dispusesse de um termo de referência indubitável, que lhe servisse de medida para distinguir entre a realidade e a ilusão e de prova para ganhar a adesão dos outros intérpretes? Na ausência de um tal texto, inquebrantavelmente real, estar-se-ia condenado ao sempiterno entrechoque de opiniões definitivamente irreconciliáveis, e toda crítica, em particular, não passaria de uma descarga passional sem qualquer conteúdo informativo. Tampouco seria possível dissociar a força e a fraqueza, empenhando-se em preparar uma "transmutação de todos os valores"; onde se encontraria o critério com o qual Nietzsche poderia estabelecer a diferença entre o inferior e o superior e defender uma nova hierarquização? Sim, certamente a alma da interpretação é "querer conhecer as coisas como elas são" (*Werke* XII).

Mas a realidade que assim Nietzsche confere ao texto não é a de uma substância existente em si; o texto não tem presença a não ser *na* própria interpretação, que tem nele justamente seu *correlato fenomênico*, isto é, um correlato que é *manifestação* do Ser real. Além disso, essa manifestação não se investe praticamente jamais de uma evidência imediata e unívoca. Descartemos, portanto, a esperança quimérica de alcançar sua essência com a ajuda da intuição! Esta não é mais confiável do que a lógica dedutiva, cujos raciocínios continuam a ser exercícios mais ou menos formais, se for verdade, como ensina Nietzsche, que "não se passa *nada* no real que corresponda rigorosamente à lógica" (*Vontade de potência* I). Logo, o conhecimento deve se contentar em ser um minucioso e paciente deciframento, sob a forma de um *ensaio* (*Versuch*) avançando na base de "hipóteses reguladoras" (*Werke* XIV 322) e aplicando-se mais a "descrever" os fenômenos do que a explicá-los por razões e provas.

O texto é inesgotável; "o mesmo texto", indica Nietzsche, "autoriza inúmeras interpretações; não existe interpretação exata" (*Werke* XIII 69). Nietzsche tenta pensar o caráter confuso e indistinto do texto, por causa da abundância e da mudança constante das significações por ele sugeridas e que impedem encerrar sua verdade numa leitura exclusiva e sectária, com o conceito do "caos". "O caráter do mundo", diz ele, é "o de um caos eterno" (*A gaia ciência*). O caos marca o fracasso irremediável de toda interpretação que pretenda se constituir em ciência, sistema ou dogma; ele delimita o horizonte a partir do qual o encarniçado empenho de tudo explicar resulta apenas em tornar o texto totalmente ilegível. Pois "é preciso uma certa imprecisão do olhar, uma certa vontade de simplificar tudo para que apareça a beleza, o 'valor' das coisas; em si, elas são apenas *um não sei quê*" (*Vontade de potência* II).

O problema da interpretação é, pois, um problema de *acomodação*. Trata-se de encontrar a boa distância para que o texto nos ofereça figuras e letras para serem decifradas; deciframento destinado, de qualquer modo, a ser aproximativo e indefinido, de modo que a ameaça de que as significações se tornem ininteligíveis ou até se apaguem soçobrando no "caos" nunca é inteiramente conjurada. Não obstante, subsiste um texto; e Nietzsche está intimamente tão persuadido disso que dita as regras de um método de conhecimento digno de ser denominado uma "*filologia*" rigorosa do texto. Agora, de fato, ele chega ao ponto de exigir que se aprenda a dissociar os "fatos" e as "interpretações", ou seja, a não deixar que as crenças vãs obscureçam as significações reais. "Entendo aqui por filologia, num sentido muito geral, a arte de ler bem – de saber distinguir os fatos, sem os falsear com interpretações, *sem* perder, no desejo de compreender, a precaução, a paciência e a delicadeza" (*O anticristo*).

O perspectivismo

Se o texto do mundo conserva uma parcela enigmática e nunca deixa de opor ao esforço de elucidação o desafio do caos, é também porque o conhecimento é sempre *pluralista*, e a multiplicação dos "pontos de vista" – o "perspectivismo", no vocabulário de Nietzsche – proíbe a totalização que levaria ao triunfo de uma interpretação única. Nietzsche não se cansa de guerrear contra o fantasma da totalidade – esta "sombra de Deus"! "Parece-me importante que nos desembaracemos do *Todo*, da Unidade, de não sei qual força, de não sei qual absoluto; seria impossível deixar de tomá-lo como instância suprema e de batizá-lo como 'Deus'. É preciso esmigalhar o universo, perder o respeito pelo *Todo*" (*Vontade de potência* II). Assim, não só o Ser consiste apenas num fluxo de relações, como ainda essas relações são assumidas a partir de uma multiplicidade de "centros" e cada uma delas desvenda certos aspectos do mundo segundo a perspectiva que cada centro abre sobre esse mundo. As significações decifradas no texto do mundo traduzem a compreensão, sempre particular, e aliás cambiante, que cada centro forma sobre a realidade, a tal ponto que essas significações se entrecruzam, se sobrepõem e se mesclam para produzir o estado presente do texto – com tudo o que esse texto então comporta de heteróclito, proliferante e contraditório. Sem dúvida algumas linhas acabam por se enrijecer, algumas constelações acabam por assumir relevo, de modo que certas interpretações se tornam *dominantes*, mas essas organizações não deixam de excluir o Uno em função do qual poderia se instituir a síntese totalizadora. O antagonismo com Hegel, neste ponto crucial, é irredutível: em Nietzsche, jamais as diversas perspectivas podem desempenhar o papel de "mediações" para programar um devir dialético do Absoluto! O pluralismo nietzschiano nunca é reabsorvido num circuito dialético, em que o Todo se alienaria na multiplicidade dos indivíduos; esse pluralismo é uma determinação *primordial* da realidade; sem dúvida tem comunicações, convergências e confrontações, sem as quais cada perspectiva ficaria fechada em si mesma e se erigiria automaticamente em absoluto; mas ela faz com que a Unidade de sobrevoo apareça como uma ficção perniciosa, pois "'tudo compreender' seria suprimir todas as relações de perspectiva; seria nada compreender, desconhecer a essência do conhecer" (*Vontade de potência* II). Não existe conhecimento a não ser interpretativo, e não existe interpretação a não ser *no plural*!

Os valores

A análise das estruturas da interpretação não estaria completa sem a presença do conceito capital de "*valor*". Com efeito, é a ele que cabe colocar a ênfase, na operação de interpretar o texto, sobre a *iniciativa criadora*, sobre o *projeto* (como se diria hoje) do próprio intérprete. Com isso o conceito de valor assegura a esperada conexão com o tema geral, com o tema tipicamente nietzschiano da "vontade de potência".

A relação onde se realiza a própria manifestação do texto não é *sofrida* por um intérprete que se limitaria a "refletir" passivamente as imagens e as significações cambiantes, ela é moldada em favor de uma atividade original de cada "centro de interpretação", e portanto é, de certa maneira, uma *produção*; mais exatamente, uma *construção de formas*, de maneira que o sentido para Nietzsche é sempre o resultado de uma *mise en forme* – uma configuração expressiva; "o homem", diz ele, "é um criador de formas e de ritmos; em nada ele é tão experiente, nada lhe agrada mais do que a invenção de formas e de tipos" (*Obras póstumas*). Se não nos esquecermos de acrescentar as ideias de domínio, anexação e comando mobilizadas pelo tema da vontade de potência, e em função das quais Nietzsche designa os centros interpretativos como "figuras de dominação" (*Herrschaftsgebilde*), não hesitaremos em falar aqui de interpretação *imperativa*, isto é, interpretação que alinha o juízo, por exemplo, pelo modelo da decisão autoritária. Prossegue Nietzsche: "Na origem, o juízo não significa apenas 'isto ou aquilo *é* verdadeiro', mas ainda mais: 'Eu quero que isso seja verdadeiro de tal ou tal maneira'" (*Obras póstumas*). Por conseguinte, "é preciso reconduzir aquilo que se chama *o instinto do conhecimento* a um instinto de *apropriação e de conquista*" (*Vontade de potência* I).

Ora, esta *mise en forme* imperativa transmite necessariamente os desejos, os interesses e as emoções do ser que assim interpreta o mundo. Com ela o sentido-forma recebe o caráter de "valor" propriamente dito, visto que o valor qualifica uma significação como útil para mim, logo, desejável. *Compreender é valorar*, em outros termos é organizar o mundo segundo o perspectivismo dos valores pelos quais um ser exprime a singularidade de seu engajamento existencial. "O poder criador entre os seres vivos, o que é ele? – É o fato de que tudo o que constitui o 'mundo exterior' para cada um representa uma soma de juízos de valor; que verde, azul, vermelho, duro, mole são *juízos de valor* hereditários e *o sinal desses juízos*" (*Vontade de potência* I). Essa normatividade espontânea da vida, que se encontra nos organismos mais primitivos, repercute no nível das operações intelectuais do homem, pois o homem é "o animal estimador por excelência" (*Genealogia da Moral*). E Nietzsche resume toda a sua argumentação nesta vigorosa definição: "O ponto de vista do 'valor' consiste em conceber *condições de conservação e de crescimento* para seres complexos, de duração relativa, no interior do devir" (*Vontade de potência* I).

A partir daí, como não reconhecer que, sob este ângulo, o valor coincide com uma certa determinação do próprio conceito de *verdade*? Sim, enquanto correlato de uma atividade de interpretação que organiza o real segundo as estimativas de tal ou tal centro de dominação, o valor estabelece o que é *tido-por-verdadeiro*; como o princípio da normatividade é a *utilidade para a vida*, a noção de valor é o eixo do que chamei de "o pragmatismo" nietzschiano, procurando assim mostrar a imbricação essencial, na teoria nietzschiana do conhecimento, entre o tema da interpretação como *mises en formes* e o tema do valor como verdade-útil. Tal pragmatismo vital é claramente enunciado pelo próprio Nietzsche quando declara: "O mundo aparente é um mundo visto segundo valores, ordenado, escolhido segundo valores, portanto, de um ponto de vista utilitário, no interesse da conservação e do aumento de poder de uma certa espécie animal" (*Vontade de potência* I).

O método genealógico

Ao chamar a atenção para a impregnação do conhecimento pelos valores, Nietzsche abre o caminho para um novo tipo de pesquisa, a pesquisa genealógica. Entendamos esta como uma pesquisa cujo fim, refletindo de alguma maneira sobre a normatividade essencial da interpretação, é *apreciar o valor dos valores* assim produzidos; em suma, é fazer a crítica das valorações reinantes num determinado momento da história. Ela tem a adequada denominação de "genealogia" porque quer efetuar essa valoração remontando à origem dos atos normativos, isto é, quer assestar o juízo sobre o "centro de interpretação" de onde emanam os valores sob exame. Método plenamente justificado, pois, se o vivente exprime com a escolha de seus valores o entendimento daquilo que lhe é útil, ao mesmo tempo ele se expõe a uma interrogação crítica sobre seu valor próprio, como medida que permite situá-lo numa escala de classificação. Nietzsche ilustra seu método com este tipo de questionamento: "Critério de meus valores: eles nascem da abundância ou da indigência?... É o desejo de ser testemunha e pôr a mão na massa, ou o desejo de desviar os olhos e se afastar?... Nascem 'espontaneamente' da força acumulada ou são excitados, provocados *por reação*? Se são *simples*, é pobreza dos elementos ou domínio absoluto de elementos numerosos, força que dispõe deles à sua vontade? É *problema* ou *solução*?" (*Vontade de potência* II).

Na existência concreta, os valores habitualmente se reúnem para formar estruturas que Nietzsche, em *Zaratustra*, chama de "tábuas de valores". Essas tábuas de valores recobrem com grande precisão aquilo que, nos outros textos nietzschianos, é designado sob o termo muito amplo (e perigosamente sobredeterminado) de "moral". Para se orientar corretamente, é preciso não perder o precioso fio condutor fornecido por essa definição da moral, agora concebida segundo esta extensão máxima: "Chamo 'moral' um sistema de juízos de valor que está em relação com as condições de existência de um ser" (*Vontade de potência* I). Tal definição coloca a "moral" nietzschiana no mesmo campo conceitual e metodológico do conceito marxista de "ideologia", porém com profundas diferenças, sendo uma das mais flagrantes justamente a preponderância, em Nietzsche, dos temas do valor e da vida, ao passo que a análise marxista se funda na determinação da práxis humana como "produção" social.

A pesquisa genealógica se inicia pela observação e descrição rigorosa de uma tal "moral", prossegue com a análise crítica de seu valor e discute sobretudo a natureza de sua influência, por exemplo por meio de um modelo educativo, e termina com a apreciação do valor da origem, sendo a moral em exame tratada como um conjunto de "sintomas" pelos quais julga-se o tipo de vida que os produziu. Assim a argumentação desemboca na oposição entre "*ideais positivos*" e "*ideais negativos*" (*Vontade de potência* I). Sob esta última rubrica logo vem se somar a *moral dos fracos*, que já havíamos abordado com a maiúscula: a Moral, e que encontra sua teorização especulativa, como vimos, na ontologia metafísica. Por trás do conflito entre os ideais positivos e os negativos, vêm à luz as duas tendências vitais antagônicas: "Distingo um tipo de vida ascendente e um tipo de decadência, de decomposição, de fraqueza" (*Vontade de potência* I). A pesquisa genealógica permite, assim, estabelecer a "tipologia" antropológica cujo fundamento oculto é a tipologia vital.

Frisemos a importância da contribuição do método genealógico elaborado por Nietzsche para nossa crítica anterior da ontologia metafísica. De fato, é a própria concepção de crítica que se vê subvertida. Antes julgava-se convincente uma crítica cuja meta se resumia à possibilidade de refutar por meio da lógica os argumentos da teoria adversária. Para Nietzsche, por outro lado, esse gênero de refutação continua a se inspirar no otimismo socrático e atinge apenas as razões e as provas, sempre superficiais, sem modificar absolutamente as causas produtoras dos erros. Extirpar as raízes do erro exige que se reconheça nele não uma simples falha intelectual, e sim uma ilusão imposta por certas condições de existência que, por sua vez, traduzem-se em tábuas de valores particulares, numa moral específica. Portanto, quando se esgotam os recursos de uma crítica especulativa da metafísica, está preparada a tarefa decisiva: rastrear a genealogia da Moral (que é, precisamente, o título de uma obra de Nietzsche!), que deve conduzir a uma "*tipologia* da Moral" (*Além do bem e do mal*). O niilismo, enquanto crise dos valores do Idealismo, deve ser interpretado, a esta luz, como o sintoma de uma doença que se tornou planetária, a decadência moderna; esta define a situação existencial de um tipo humano bem caracterizado: o homem do ressentimento, impelido pelo desejo mórbido de se vingar da vida e que crê consegui-lo glorificando um ideal repressor. Nietzsche recapitula os principais momentos dessa investigação genealógica aplicada ao Idealismo, ao escrever: "A *crença no ser* não é senão uma consequência; o primeiro móvel verdadeiro é a recusa de crer no devir, a desconfiança em relação ao devir, a depreciação de todo o devir [...]. Quais são os homens que refletem assim? Uma espécie humana improdutiva, *sofredora*, cansada de viver" (*Vontade de potência* II).

A gênese do espírito e da veracidade

Para colocar o método genealógico em operação e, de uma maneira mais ampla, para praticar uma interpretação digna das regras da filologia rigorosa, é preciso que tenha se formado, se educado e se firmado uma exigência de veracidade, cujo fiador será o "espírito". Aliás, como se explicaria, se assim não fosse, a tomada de consciência niilista que revela o nada por trás de todos os ideais enganadores da metafísica? E onde alimentar a resolução de transmutar todos os valores para que o super-homem surja dos escombros do niilismo moderno? "Pois por que o advento do niilismo é *necessário*? Porque nossos próprios valores anteriores, em suas últimas consequências, resultam nele; porque o niilismo é o resultado lógico de nossos valores e nossos ideais mais elevados – porque é preciso passar primeiro pelo niilismo para descobrirmos o *valor* real desses 'valores'" (*Vontade de potência* II).

Nietzsche se preocupará, pois, em rastrear a gênese do "espírito" capaz de "veracidade". Constata-se que essa nova exploração não é senão uma variante da grande pesquisa genealógica. Mas aqui dois traços particulares devem ocupar nossa atenção. De um lado, essa gênese apela à ideia de uma *"interiorização do homem"* que, abordando o espinhoso problema da *"má consciência"*, tem provocado muitos mal-entendidos; de outro lado, ela revela, como base da argumentação nietzschiana, o recurso a uma *sequência dialética* que, devido a seu estilo incontestavelmente hegeliano, desconcertou muitos comentadores, que se recusam a ver que a oposição global do nietzschianismo ao hegelianismo não exclui absolutamente afinidades e convergências em pontos muito específicos como, por exemplo, a dialética e a noção do devir. Assim, essa dupla dificuldade é um excelente teste para avaliar a profundidade da interpretação, na medida em que as respostas dadas nessa ocasião encerram o sentido dado aos temas fundamentais do pensamento de Nietzsche – em primeiro lugar, naturalmente, à teoria da verdade e à noção da vontade de potência...

Fiel à sua inspiração inicial, Nietzsche não atribui ao espírito uma origem transcendente, como se o espírito, investido de um valor superior, descesse do céu suprassensível; pelo contrário, ele mostra que o espírito se constitui pela transformação dos próprios instintos, a qual, em certas circunstâncias muito determinadas, desencadeia um fenômeno mórbido, mas também muito promissor: a "má consciência".

Essas circunstâncias privilegiadas correspondem ao processo de "interiorização" do homem sob forte coerção, que bloqueia a descarga normal dos instintos no mundo exterior. "Todos os instintos que não têm vazão, que alguma força repressiva impede de virem à tona, retornam *para dentro* – é o que chamo de *interiorização* do homem" (*Genealogia da Moral*). Entremos em maiores detalhes: a interiorização do homem "se dá quando instintos poderosos que não podem se desafogar externamente, por interdição da organização da paz e da sociedade, buscam uma compensação interior com o auxílio da imaginação. A necessidade de agressão, de crueldade, de vingança, de violência retorna sobre si, 'regressa'" (*Vontade de potência* I). Esse recalcamento das pulsões (como dirá Freud mais tarde, cujas reflexões, sobretudo em *O mal-estar da civilização*, estão próximas às de Nietzsche) obriga os homens assim atormentados a alterar toda a sua organização psíquica: em vez de se entregarem à espontaneidade vital, local das adaptações cômodas e engenhosas, só podem contar com as diretrizes rígidas, brutais e mediocremente eficazes de sua *consciência* e de suas funções racionais: "Estavam reduzidos a pensar, a deduzir, a calcular, a combinar causas e efeitos, os infelizes! Estavam reduzidos à sua 'consciência', a seu órgão mais fraco e mais canhestro. Creio que jamais existiu na terra um tal sentimento de desespero, jamais um mal-estar tão pesado!" (*Genealogia da Moral*). Os instintos recalcados geram, então, um terrível sentimento de culpa; e o agente dessa culpabilização torturante, o carrasco interior é precisamente a "má consciência". Como não se sentir tomado de pavor e repugnância perante o espetáculo desse masoquismo moral fabricado incessantemente pela má consciência, verdadeira máquina infernal instalada no coração do homem? Mas seria um erro ceder a essa impressão desalentadora. A realidade, como sempre, é mais matizada e mais rica de esperanças secretas. Certamente, com a má consciência "introduziu-se a maior e mais inquietante de todas as doenças, e da qual a humanidade ainda não se curou, o homem doente *do homem*, *doente de si mesmo*: consequência de um violento divórcio do passado animal, de um salto e ao mesmo tempo uma queda em novas condições de existência, de uma declaração de guerra contra os antigos instintos que até então constituíam sua força, sua alegria e seu caráter temível" (*Genealogia da Moral*). E, no entanto, ela é também a matriz das mais altas oportunidades do destino humano! "Toda essa 'má consciência' atuante, como verdadeira geradora de eventos espirituais e imaginários, acabou por trazer à luz – já se adivinha – uma profusão de afirmações, de novidades e de estranhas belezas, e talvez se deva a ela o próprio nascimento da beleza" (*Genealogia da Moral*). É ela, com efeito, que desperta "a alma"; em outros termos, é ela que cria a profundidade de uma interioridade psicológica onde o eu aprende a se observar com a consciência reflexiva; é ela, também, que gera "o espírito" – definido por Nietzsche como "a circunspecção, a paciência, a astúcia, a dissimulação, o grande domínio sobre si mesmo" (*Crepúsculo dos ídolos*) – com as capacidades de abstração e racionalidade. O espírito nessa magistral interpretação de Nietzsche – onde, aliás, é possível perceber os traços de Dostoiévski e que deixará sinais nos romances de Thomas Mann – provém do *recalque da vida*; é uma obra de arte, na medida em que toda arte emana de uma liberdade que se torna criadora devido aos entraves que lhe são impostos. Ora, insiste Nietzsche, "este *instinto de liberdade* que se tornou latente pela força, reprimido, recalcado, retornado para o interior, não podendo mais se exercer e se escoar a não ser em si mesmo, este instinto, nada além deste instinto [...] foi no início a *má consciência*" (*Genealogia da Moral*).

Mas, para que as magníficas promessas que ela traz em si possam se desenvolver (pois o espírito é "o que há de mais precioso") (*Aurora*), ainda é preciso que a má consciência não se degrade em consciência *pecadora*! Ora, é justamente este o danoso infortúnio que lhe ocorre, quando a casta sacerdotal passa a intervir no processo de interiorização do homem, para capturá-lo e utilizá-lo em seu proveito. A má consciência é, então, metódica e sorrateiramente envenenada com a noção de "pecado", essa invenção maquiavélica do padre destinada a lhe garantir a dominação universal. "O pecado – pois tal é o nome que o padre dá à 'má consciência' animal (da crueldade ao revés) – o pecado continua a ser até hoje o acontecimento fundamental na história da alma doente: representa para nós a guinada mais nefasta da interpretação religiosa"

(*Genealogia da Moral*). A interiorização deixa de ser a grande oportunidade da civilização humana para adotar a máscara de esgar de uma sanção divina contra o homem decaído. Mas é fácil ver o que o padre tem a ganhar com uma tal corrupção deliberada da alma humana: como a má consciência, deixando de ser a doença do crescimento que era em sua origem, tornou-se prova de uma angústia impotente, é o padre que se afirma como o único qualificado para aliviar essa angústia – graças às drogas das ilusões religiosas! E assim a casta sacerdotal estabeleceu duradouramente seu poder...

No entanto, mesmo a fraude sacerdotal não consegue romper totalmente a dinâmica cultural iniciada com o surgimento da má consciência. Sem dúvida ela afunda na decadência todos os povos com os quais tem contato e contribui para a elaboração do Idealismo metafísico, com sua Moral repressoramente dualista e sua teologia monstruosa, que diviniza o nada da antinatureza. Mas o niilismo, na medida em que, proclamando a morte de Deus, revela esse nada forjado pela vontade de vingança do padre e onde ele verte o Ideal ontológico dos filósofos, demonstra uma lucidez cuja motivação cabe descobrir. Inútil buscar muito longe, replica Nietzsche: ela se encontra, justamente, num paradoxal movimento interno da própria Moral! Um movimento que é, exatamente, uma sequência *dialética*! Trata-se, com efeito, de uma "*Selbstaufhebung der Moral*" (*Werke* IV 9). Fórmula decisiva, mas cuja tradução, para ser correta, deve sacrificar a elegância ao rigor e, de qualquer maneira, demanda comentários para se tornar plenamente inteligível. O ponto essencial, e delicado, é o núcleo verbal: *Aufheben*, o qual não tem um correspondente estrito em português e é, além do mais, a palavra central... da dialética hegeliana! Ao decalcar sua fórmula da terminologia de Hegel, Nietzsche anuncia, de alguma maneira, a significação autenticamente dialética que pretende lhe dar. Na tradução, por conseguinte, se nos contentarmos em respeitar o sentido habitual dos termos e sugerirmos "autossuperação da Moral" ou ainda (para ressaltar melhor a afinidade com a definição da vontade de potência) "operação pela qual a Moral supera a si mesma", deixaremos na sombra essa significação dialética e mutilaremos a ideia diretriz de Nietzsche. O entendimento do texto, portanto, requer inevitavelmente o apoio do comentário que ressalta a referência hegeliana e que, na verdade, apenas resume as abundantes explicações de Nietzsche: "Vê-se *o que* triunfou sobre o Deus cristão: é a própria moral cristã, a noção de sinceridade tomada em sentido cada vez mais estrito, é a sutileza da consciência cristã aguçada pelo confessionário e transposta, finalmente sublimada, para consciência científica, para asseio intelectual a todo custo" (*A gaia ciência*). De fato, "entre as faculdades que eram cultivadas pela moral, encontrava-se a *veracidade*; ela acabou por se voltar contra a moral, para desnudar sua *teleologia*, suas considerações *interesseiras*, e agora o *desnudamento* dessa longa mentira inveterada, da qual luta-se desesperadamente para se desfazer, age como um estimulante" (*Vontade de potência* I). A Moral supera a si mesma gerando a "paixão do conhecimento", que rejeita o Idealismo espúrio da metafísica e da religião decadente e, ao mesmo tempo, desencadeia a crise do niilismo. Assim tudo fica claro: "O niilismo marca o fruto de uma 'veracidade' que atingiu a idade adulta; portanto, ele mesmo resulta da crença na moral" (*Vontade de potência* II), porque o sentido da verdade não é senão o produto da autossuperação dialética da Moral.

O pragmatismo vital do erro-útil

A veracidade, chegando à maturidade, não se limita à crítica da miragem metafísica. Ela incentiva o espírito a se interrogar sobre o estatuto fundamental dos valores que a vida faz brotar com o trabalho da interpretação imediata, e que cada centro de interpretação declara, com ingenuidade e igual segurança, ser a verdade de sua experiência do mundo. À luz crua dessa inflexível interrogação, a pretensa verdade logo perde suas cores resplandecentes e enverga a modesta libré de um simples *erro-útil*. "Ela *é uma espécie de erro*, sem o qual uma certa categoria de seres vivos não poderia viver. O que decide em última instância é seu valor para a *vida*" (*Vontade de potência* I). Nietzsche não tem a menor intenção de rejeitar esse valor-útil a pretexto de, justamente, este não ter o caráter absoluto que se costuma atribuir ao verdadeiro e que, visto como uma função em relação à vida, deveria ser qualificado de erro, por contraste com uma definição mais radical; pelo contrário, Nietzsche insiste sobre a positividade do erro enraizado no pragmatismo vital: "Que um juízo seja falso, em nossa opinião, não constitui uma objeção contra esse juízo; é talvez uma das afirmações mais surpreendentes de nossa nova linguagem. Tudo consiste em saber em que medida esse juízo é capaz de promover a vida, mantê-la, conservar a espécie e até aperfeiçoá-la" (*Além do bem e do mal*). Mas então é ainda mais importante não se deixar ludibriar sobre a significação dessa utilidade para a vida. Para o pragmatismo vital, a utilidade de um conhecimento é em si mesma o critério de sua verdade, ao passo que, perante a arbitragem mais rigorosa da veracidade nietzschiana, ela mantém apenas o estatuto de uma *ficção eficaz*. A força da certeza com que uma interpretação se recomenda a nós indica, e muitas vezes de maneira muito precisa, o grau de interesse que tem para nós, mas essa necessidade não prova nada no que se refere à verdade intrínseca da interpretação. Evitemos identificar o elemento de verdade de uma interpretação justa com a vantagem oferecida por uma "crença"! Evitaremos essa confusão desde que distingamos, a exemplo de Nietzsche, entre a veracidade e o ato de "ter como verdadeiro" (*Für-wahr-halten*), princípio da crença. "Que seja necessária uma grande soma de *crença*; que se esteja em condições de julgar; que não haja dúvida possível sobre os valores essenciais: tal é a condição preliminar de todo vivente e de sua existência. Portanto, é necessário que existam coisas *tidas como verdadeiras*, e não coisas *verdadeiras*" (*Vontade de potência* I).

Por fim, agora compreendemos melhor como o Idealismo metafísico conseguiu nos confundir; bastou-lhe levar ao limite extremo o preconceito já contido em toda crença, e segundo o qual a utilidade é o critério do verdadeiro; assim, o Idealismo, no final das contas, é um *pragmatismo hiperbólico*, erigindo em doutrina racional uma fé prática imediata e regional. Mas é, acima de tudo, um pragmatismo *corrompido* e convertido em doença cultural, pois, se ele continua a exprimir as necessidades de um certo tipo de vida, este tipo é a própria decadência, e as crenças que a favorecem, portanto, são atentados contra a vida mais real – contra a vida *ascendente*. Assim, a identificação da memória entre o Ser e o Bem, entendido no sentido moral, aparece como uma crença útil para a perpetuação da vida impotente, mas ao mesmo tempo nociva aos criadores. A utilidade, portanto, não é uma qualificação fixa e unívoca, ela deve ser determinada genealogicamente, isto é, em função do tipo de vida a que ela se refere. "Segue-se que toda *moral contra a natureza* que considera Deus como a ideia contrária, como a condenação da vida, não é na realidade senão uma valorização da vida – de *qual* vida? De *qual* espécie de vida? Mas já dei minha resposta: da vida descendente, enfraquecida, cansada, condenada" (*Crepúsculo dos ídolos*).

Isso não impede que, trata-se de fraqueza ou de força, de decadência ou de vida ascendente, o pragmatismo da "verdade" útil esteja sempre ligado a um postulado que somente a disciplina mais rigorosa da inteligência lúcida é capaz de discernir e questionar. Diante da veracidade nietzschiana, portanto, é a totalidade do pragmatismo vital que, penetrada em sua essência, torna-se problemática e relativa. A dúvida atinge a natureza da relação entre a vida e o conhecimento. Imagina-se constantemente que a vida está orientada, por essência, para o conhecimento do verdadeiro, que a vontade de verdade lhe é consubstancial. Este é o preconceito, patrocinado, claro, pelo Idealismo metafísico, com o qual urge romper! E a ruptura se consuma no momento em que a veracidade toma a palavra e contrapõe, ao pragmatismo do valor útil à vida, este sóbrio e aventuroso pensamento: "A vida não é um argumento, pois poderia-se encontrar o erro entre as condições da vida" (*A gaia ciência*).

O recuo permitido por tal reflexão permite perceber claramente a estrutura do erro-útil, e então se torna possível explicar por que o pragmatismo vital produz apenas ficções rentáveis. A interpretação segundo os valores é uma operação que, tendo por finalidade adaptar o mundo às necessidades e aos interesses de um certo tipo de organismo, procede por simplificação e solidificação do real. Resultado: um mundo organizado, remodelado, estabilizado, dentro do qual esse tipo de organismo goza de relativa segurança e, portanto, pode operar com as melhores chances de êxito. A assimilação, assim, tem como efeito reduzir o Outro – o devir – à identidade do Mesmo (a representação fixa à semelhança do tipo de organismo operador).

Trata-se regularmente de uma esquematização e de uma estruturação daquilo que é a essência íntima do real, a saber, *o devir*, para que esse devir se preste aos imperativos de uma práxis eficaz. "Num mundo *em devir*", escreve Nietzsche, "a 'realidade' é sempre uma *simplificação* para fins práticos" (*Vontade de potência* I). As faculdades intelectuais e as categorias do pensamento abstrato funcionam em virtude desse mesmo princípio: organizar o devir em formas suficientemente nítidas e duráveis para que se consiga ter orientação no meio circundante e para que se possa dominá-lo. Por isso elas se empenham em introduzir por toda parte a unidade, a identidade, as semelhanças graças às quais as formas podem se destacar do caos. Mas seria um grande erro, neste caso, falar em conhecimento rigoroso! O que se encontra aqui é somente a atividade diligente da crença, ciosa em reduzir tudo ao homogêneo. *"De certa maneira é como se existissem coisas análogas e idênticas. O conhecimento reduz falsamente a inumerável diversidade dos fatos à identidade, à analogia, a quantidades enumeráveis"* (*Vontade de potência* I).

Em segundo lugar, o pragmatismo vital se empenha em imobilizar o devir em aglomerados permanentes, em petrificá-lo em "ser" (*Vontade de potência* I). Daí o favorecimento das ideias do "ser" e da substância, refúgios contra as vicissitudes do mundo em devir. Daí também o esforço em estruturar o fluxo das impressões sensíveis em torno de algumas figuras imutáveis, as "coisas" de nossa percepção familiar.

Ora, simplificação e solidificação, como meios privilegiados de domar a realidade do devir, não são violências infligidas ao devir, de modo que este fica *deformado* e *incognoscível* devido a essa interpretação vital que pretende *lhe dar formas* a fim de o *conhecer*? Sim, sem dúvida! Nietzsche, portanto, tinha razão ao recusar aos valores-úteis o título de "verdades" e de incluí-los sob a rubrica das ficções engenhosas. Há, efetivamente, "dupla falsificação – uma proveniente dos sentidos, a outra do espírito – destinada a produzir um mundo do ser, do permanente, do equivalente" (*Vontade de potência* I). No nível propriamente humano, o pragmatismo não passa de um empreendimento coletivo de humanização da Natureza

(*Vontade de potência* I), presidido pela técnica. De modo que "o mundo dos 'fenômenos' é este mundo ordenado que *sentimos como real*. A 'realidade' reside no retorno constante de coisas idênticas, conhecidas, aparentadas, em seu *caráter lógico*, na crença de que podemos calculá-las, prevê-las" (*Vontade de potência* I).

O jogo da ilusão e da verdade

É o momento de considerar essa exigência de veracidade que, apresentada pelo "espírito", instiga a superação com que finalmente se ultrapassa e se relativiza a significação do pragmatismo vital. Nietzsche a celebra sob o belo nome de "*paixão do conhecimento*" (*Obras póstumas*) e lhe prenuncia um destino grandioso: "*A paixão do conhecimento existe*; é uma potência enorme, nova, crescente, como jamais se viu" (*Vontade de potência* II). Um querer leonino a assume: "Liberto de uma felicidade servil, livre dos deuses e dos cultos, sem medo e terrível, grande e solitário, tal deve ser o querer do verídico" (*Assim falou Zaratustra*). Ela é a alma da filosofia heroica que Nietzsche espera nos arrancar ao niilismo moderno: "Tornaremos a filosofia perigosa, mudaremos sua noção, ensinaremos uma filosofia que seja *um perigo para a vida*; como poderíamos melhor servi-la?" (*Vontade de potência* II). E Nietzsche anuncia "o advento de uma época mais viril, mais guerreira, que honrará a bravura acima de tudo! Pois ela preparará, por sua vez, a chegada de uma época mais alta, reunirá as forças que um dia lhe serão necessárias; esta: a que introduzirá o heroísmo no conhecimento, que fará a guerra pelo pensamento, pelas consequências da ideia" (*A gaia ciência*).

A exigência de veracidade nos inspira o desprezo salvador em relação aos pequenos charlatães da Cultura, levados pela busca das vãs glórias a "pensar baixo". Ela é o antídoto da vulgaridade das almas medíocres, motivadas exclusivamente pela busca do interesse egoísta e do conforto banal. Nietzsche nos adverte: "Tenham cuidado, homens superiores. Não há nada que hoje me pareça mais precioso e mais raro do que a integridade" (*Assim falou Zaratustra*).

Nietzsche evoca aqui a "integridade filológica" sem a qual é impossível fundar e desenvolver a arte da interpretação, na qual deve primar o filósofo heroico. Respeitar escrupulosamente o texto da realidade; abster-se de eliminar desse texto tudo o que inquieta, amedronta, repugna; refrear o juízo para deixar a palavra às próprias coisas: nisso consiste a arte da interpretação, arte *nobre* por natureza (*Crepúsculo dos ídolos*), guiada pelo senso da *justiça*. Pois ser justo é "dar a cada objeto, vivo ou morto, real ou imaginário, aquilo que lhe cabe" (*Humano, demasiado humano* II). A justiça em si não tem nada em comum com a objetividade de que se gaba a ciência; esta implica a neutralidade, a impessoalidade, ao passo que aquela reivindica precisamente a paixão do conhecimento, portanto um engajamento existencial: "O 'desinteresse' não tem nenhum valor, seja no céu ou na terra; todos os grandes problemas exigem o *grande* amor, e apenas os espíritos vigorosos, nítidos e seguros, de sólido estofo, são capazes desse grande amor. Existe uma enorme diferença entre o pensador que engaja sua personalidade no estudo de seus problemas a ponto de tomá-los como seu destino, seu sofrimento e sua mais alta felicidade, e aquele que se mantém 'impessoal': aquele que só sabe apalpá-los e captá-los com a ponta das antenas de uma fria curiosidade" (*A gaia ciência*).

Mas como fazer, concretamente, para decifrar com o espírito da justiça o texto da realidade, que é por essência ambíguo devido à sua sobredeterminação, e desconcertante devido a suas incessantes contradições? A metodologia da interpretação se torna, segundo Nietzsche, uma questão de atitude: o filósofo deve ser um homem do "ensaio" (*Versuch*), refratário a qualquer ambição de sistema, a qualquer vontade de totalização dogmática, que procede pela multiplicação das perspectivas, pela mudança dos pontos de vista. Como o único ser verdadeiro do mundo é o devir, com suas metamorfoses perpétuas, o imperativo, acima citado, de "ver as coisas como elas *são*" só se pode atualizar na capacidade de "vê-las com cem olhos, através de *diversas pessoas*" (*Vontade de potência* II). Ou ainda, repete Nietzsche: "Nossa preocupação mais séria é compreender que todas as coisas estão em devir, renegar a nós mesmos como indivíduos, ver o mundo pelo *maior número* de olhos possível" (*Vontade de potência* II).

Mas a qualidade primordial é a coragem, pois "o erro é uma *covardia*... Toda conquista do conhecimento *resulta* da coragem, da dureza consigo mesmo, da nitidez consigo mesmo" (*Vontade de potência* II). "É preciso coragem e – condição sua – um excesso de força: pois até onde a coragem ousa avançar é até onde se avança, segundo sua força, em direção ao verdadeiro" (*Ecce homo*). Com a condição de que o indivíduo se eleve acima do pragmatismo vital, para que se aplique o severo preceito da justiça: "Não se deve jamais perguntar se a verdade é útil" (*O anticristo*), com efeito, está-se diante de um abismo; a verdade última do conhecimento, segundo Nietzsche, é uma verdade essencialmente *trágica*. Verdade assustadora, cuja descoberta evoca as imagens da tempestade e do relâmpago: "Pouco a pouco a agitação aumenta; alguns clarões sulcam o horizonte; verdades das mais desagradáveis se fazem ouvir ao longe com rugidos surdos, até o momento em que um tremendo *tempo feroce* vem retumbar no primeiro plano. Para terminar, todas as vezes, em meio a detonações absolutamente terríveis, surge uma nova verdade entre as nuvens" (*Ecce homo*). Verdade cruel, cegando Édipo: "Eis a verdade que descubro inscrita nesta assustadora trindade dos destinos de Édipo: o mesmo homem que resolve o enigma da natureza, essa esfinge dupla em sua essência, quebrará também as mais sagradas leis da natureza tornando-se o assassino de seu pai e o esposo de sua mãe. Melhor: este mito parece querer nos sugerir que a sabedoria, e mais precisamente a sabedoria dionisíaca, é uma monstruosidade contra a natureza e que aquele que, por sua sabedoria, precipita a natureza no abismo do nada merece ser destruído pela natureza" (*Nascimento da tragédia*). A essência de uma tal verdade reside em sua irremediável inumanidade; ela marca a completa discordância entre os desejos humanos e o fundo das coisas, a radical estranheza do Ser em relação à existência humana. Lembremos a este respeito que, no ponto de fuga de todas as interpretações, havíamos reencontrado o caos e, sob as sedimentações dos valores aos quais a vida se prende, atingimos apenas o turbilhão de um eterno devir! Em parte alguma se encontra um Ideal consolador ou um Deus paternal...

No entanto, agora já percorremos o estilo de pensamento nietzschiano o suficiente para adivinhar que Nietzsche evitará cuidadosamente elevar ao absoluto – ilusão tipicamente metafísica! – a significação dessa verdade originária que abala nossos valores e nossas medidas demasiado humanas. A integridade filológica em relação ao texto da Natureza e o imperativo da justiça devem respeitar o limite. Aqui, portanto, ao invés da exaltação suspeita com a qual se comprazeria um espírito de menor envergadura do que Nietzsche, e ao invés do romantismo declamatório que seduziria os temperamentos niilistas, assiste-se a um retorno do pensamento que nos leva a uma *apologia da Medida*, em nome da qual Nietzsche vai celebrar os méritos da ... ilusão e do erro vitais! Temos aqui um dos mais belos exemplos do método e da inspiração da filosofia nietzschiana. Assim, a reflexão de Nietzsche sobre a interpretação e a verdade representa o paradigma perante o qual devemos constantemente nos deter, se quisermos compreender Nietzsche, em lugar de tomá-lo como pretexto para divagações narcisistas.

Com essa reflexão sobre a necessidade do limite, reflexão que convida a admitir que "querer o conhecimento não a serviço da vida, mas por ele mesmo, *é um dos exageros mais perigosos*" (*Vontade de potência* I), e que "a necessidade imoderada do saber é tão bárbara em si quanto o ódio pelo saber" (*Nascimento da filosofia*), Nietzsche tem consciência de nos ensinar a duvidar melhor do que Descartes (*Werke* XIV 5). De fato, em Descartes a dúvida é apenas provisória, serve para balizar o caminho para uma certeza absoluta; além disso, ela postula a fé no valor *divino* da verdade e nos recursos da razão humana. O Deus cartesiano – que encontramos ao final de uma demonstração – expulsa o "Gênio Maligno" e, com ele, o espírito de mentira e erro; ele é o garantidor supremo do Bem e da evidência. Nietzsche, por seu lado, pede que a dúvida seja francamente radical e, portanto, atinja o postulado tácito segundo o qual o verdadeiro é *incondicionalmente* digno de ser buscado. Em suma, ele exige que se duvide do direito da verdade em se erigir como absoluto, e que assim se tomem em consideração os direitos da ilusão e do erro.

Pois, "caso se quisesse sair do mundo das perspectivas, seria um naufrágio. *Abolir* as grandes ilusões já completamente assimiladas destruiria a humanidade" (*Vontade de potência* II). A vontade de justiça *a qualquer preço* resultaria na injustiça mais devastadora; ela demoliria as bases reais da vida, chegaria a asfixiar o projeto de conhecer. "Quando levamos a justiça demasiado longe e pulverizamos a rocha de nossa individualidade, quando renunciamos totalmente à injusta solidez de nosso ponto de partida, perdemos qualquer possibilidade de conhecer"

(*Vontade de potência* II). A verdade originária é esse caos que só é possível perceber furtivamente, aproveitando um instante de excepcional concentração do olhar e esquecendo todos os nossos pontos de referência familiares; ela é como aquilo que nos ofusca de súbito, quando nosso sistema de valores se rompe. A dúvida nietzschiana, assim, não conduz ao regaço de um Deus-Providência, mas nos reconduz ao perspectivismo da ilusão necessária à vida. "Em suma, pode-se discernir o erro fundamental sobre o qual tudo se baseia (pois as antinomias podem ser *pensadas*), mas este erro só pode ser destruído destruindo-se a própria vida; a verdade última, que é a do fluxo eterno de todas as coisas, não admite ser *incorporada* a nós; nossos órgãos (que servem à *vida*) são feitos para o erro" (*Vontade de potência* II).

Dois conceitos ajudam a articular as duas partes (pragmatismo vital e integridade filológica) que formam a experiência concreta do conhecimento, e ressaltam a influência de Heráclito na reflexão nietzschiana. O primeiro deles é o conceito de "combate". A ilusão e a verdade estão engajadas numa luta fraterna, e esta competição se inscreve na linha da vontade de potência. "Mesmo que fôssemos insensatos a ponto de considerar verdadeiras todas as nossas opiniões, não desejaríamos, porém, que fossem as únicas a existir: não sei por que haveria de se desejar a onipotência e a tirania da verdade, basta-me saber que a verdade possui um *grande poder*. Mas é preciso que ela possa *lutar*, e que ela tenha uma oposição, e que se possa de tempos em tempos *descansar* dela no não-verdadeiro" (*Aurora*). A seguir, o conceito de "*véu*": ele sugere que a verdade requer a ilusão para se ocultar a uma curiosidade demasiado sôfrega, a essa "familiaridade no toque" cuja trivialidade escandalizava Nietzsche no plano das relações humanas. A verdade gosta de se ocultar, porque ela quer se reservar como exceção. O segredo não é amigo do raro? Portanto, "dever-se-ia honrar mais o pudor com que a natureza se oculta atrás do enigma e das incertezas. Não será a natureza, talvez, uma mulher que tem suas razões para não mostrar suas razões?" (*A gaia ciência*).

A arte, protetora da vida

Por uma dessas amplificações em que se manifesta a profundidade do pensamento (pois as aproximações que ele supõe elucidam a própria *essência* daquilo que ele aborda), Nietzsche confere à arte uma extensão tão grande que pode reunir, sob esse conceito, todas as atividades *criadoras de formas* e, com isso, *matrizes de ilusões*. Que elevado entendimento, em comparação às análises correntes, em que a arte fica confinada ao domínio das belas-artes e alimenta apenas os raciocínios dos especialistas em "Estética"! Assim, a arte se subtrai a um conceito rasamente antropomórfico, deixa de ser o apanágio do homem, para ser restituída à sua verdadeira origem, à própria Natureza, em outros termos, à potência demiúrgica que opera nas realizações do mundo (cf. *O nascimento da tragédia*). Além disso, extirpa-se o velho erro, comum a quase todas as filosofias, que consiste em explicar a arte colocando-se, não no ponto de vista do criador, como seria legítimo, e sim no ponto de vista do espectador, sancionado pelo inflamento da ideia do "belo", regularmente definido, além do mais, segundo os cânones do pretenso "bom gosto", esse servo do conformismo preguiçoso!

Pensada, pelo contrário, segundo seu princípio, a arte é em Nietzsche essencialmente uma *produção* ou, mais precisamente, uma *construção de formas*. Existe "arte" autêntica sempre que uma matéria é organizada em formas e em figuras. Em virtude deste critério, um organismo já é obra de artista: "A fisiologia de grau superior certamente saberá compreender a presença das energias artistas em nosso desenvolvimento, e não apenas no do homem, mas também no do animal; ela dirá que com o *orgânico* também se inicia o *artístico*" (*Fragmentos sobre a energia e a potência*). Antecipando-se à interpretação freudiana da libido, Nietzsche defende esta ousada intuição: "*A força plástica inconsciente* se revela na *geração*; há aí um instinto artista em ação" (*Vontade de potência* I). Simultaneamente – e porque toda criação de formas é, para Nietzsche, ocultação do fundo de onde são extraídas as formas – a arte é *o véu* das aparências que nos ocultam magicamente o caos, portanto, a ilusão protetora da própria vida. "Se não tivéssemos provado as artes, se não tivéssemos inventado essa espécie de culto ao erro, não poderíamos suportar a visão do que nos mostra a Ciência: a universalidade do não-verdadeiro, da mentira, e que a loucura e o erro são condições do mundo intelectual e sensível. A *lealdade* teria como resultado a aversão e o suicídio. Mas à nossa lealdade se opõe um contrapeso que ajuda a evitar tais consequências: é a arte, como *boa* vontade da ilusão" (*A gaia ciência*). Portanto a arte é, acima de tudo, "um remédio para o conhecimento. A vida só é possível graças a *ilusões de arte*" (*Nascimento da tragédia*).

Então aflora com toda a evidência a ideia fundamental subjacente a toda a argumentação nietzschiana: o próprio pragmatismo vital, agora colocado sob esta luz, é ele mesmo uma expressão da arte. Pois não traz ambas características: a potência plástica e, por meio de seus valores, a produção de ilusões úteis à vida? Num texto particularmente denso, Nietzsche justifica e explica essa assimilação: "*Identidade* de natureza entre o *conquistador*, o *legislador* e o *artista* – a mesma maneira de se traduzir na matéria; a mais extrema energia [...]. *Transformar o mundo*, a fim de conseguir *tolerar viver nele*, tal é o instinto motor" (*Vontade de potência* II). Nietzsche já tratava essa ideia desde a juventude (mais uma prova da notável continuidade do pensamento nietzschiano!): "É apenas porque se esquece esse mundo primitivo das metáforas, é apenas porque se solidifica e se imobiliza a massa das imagens originárias que, como lava ardente, jorram da faculdade originária da imaginação humana, é apenas porque se alimenta a crença invencível de que *este* sol, *esta* janela, *esta* mesa são uma verdade em si, em suma, é apenas porque o homem se esquece [...] enquanto sujeito *dotado de um poder de criação artística*, é apenas por essas razões que o homem vive com alguma tranquilidade, alguma segurança e senso de continuidade" (*Werke* X 199). Assim, "temos *a arte* para não morrer *da verdade*" (*Werke* XVI 248).

A verdade e a ilusão, o conhecimento e a vida, a justiça e o pragmatismo dos valores se entrelaçam para constituir o Jogo do Mundo: "*Welt, Weltspiel*" (*Werke* V 349). "Jogo divino, que se joga além do Bem e do Mal" (*Werke* XIV 75)!

Capítulo IV
A VONTADE DE POTÊNCIA

Sabedoria do corpo

Partindo da consciência, forma-se uma representação superficial e aberrante da vida psíquica, cai-se vítima da falsa separação entre a alma e o corpo, é-se irresistivelmente atraído para o Idealismo e fascinado pelas miragens da metafísica. Pretende-se, ao menos uma vez, ter os meios de uma interpretação adequada da realidade, não ter nenhuma hesitação: é preciso, afirma Nietzsche, deixar de conceder crédito à consciência e se voltar para o corpo. Pois é o corpo o único que tem condições de nos instruir sobre o valor de nossa personalidade profunda. Colocarmo-nos, para decifrar o mundo, no ponto de vista do corpo: é esta a desconcertante, mas fecunda "Revolução copernicana" que Nietzsche nos sugere, e que, em comparação à célebre Revolução kantiana, substituirá o cogito transcendental (e, aliás, todo cogito garantido pela consciência de si) pela compreensão viva que define a *subjetividade corporal*. Trata-se, com efeito, de um corpo em que a consciência é uma simples função entre outras, e cuja atividade já é desde sempre, por si mesma, manifestação de uma subjetividade, em outros termos, *produção intencional de significações*. Assim Nietzsche escolhe falar do corpo como um "Si" (*das Selbst*) e lhe dar magnitude como "a grande razão": "O corpo é uma grande razão, uma multidão unânime, um estado de paz e de guerra, um rebanho e seu pastor. Esta pequena razão que dizes ser teu espírito, ó meu irmão, é apenas um instrumento de teu corpo, e um pequenino instrumento, um joguete de tua grande razão" (*Assim falou Zaratustra*). A partir disso já não é um escândalo (exceto para um incondicional guardião do cogito!) atribuir o *pensamento* ao próprio corpo: "Admite-se aqui", declara Nietzsche com tranquila segurança, "que todo organismo pensa, que todas as formações orgânicas participam do pensar, do sentir, do querer e, por conseguinte, que o cérebro é somente um enorme aparelho de concentração" (*Fragmentos sobre a energia e a potência*). O dualismo cartesiano da *res cogitans* e da *res extensa* é derrubado por fórmulas deste gênero: "Por toda parte onde vemos ou adivinhamos um movimento no corpo, é preciso concluir que há uma vida invisível e subjetiva ligada a ele" (*Vontade de potência* I).

Melhor: é preciso admitir que esse pensamento corporal, *inconsciente*, com toda a sua gama de operações delicadas como julgar, imaginar, criar valores, é muito mais aperfeiçoado e sutil do que o pensamento consciente associado ao eu e ao intelecto: "A esplêndida coesão dos mais múltiplos seres vivos, o modo como as atividades superiores e inferiores se ajustam e se integram entre si, essa obediência multiforme, não-cega, e menos ainda mecânica, mas crítica, prudente, cuidadosa ou mesmo rebelde – todo esse fenômeno do 'corpo' é, do ponto de vista intelectual, tão superior à nossa consciência, ao nosso 'espírito', aos nossos modos conscientes de pensar, de sentir e de querer, quanto a álgebra é superior à tabuada" (*Vontade de potência* I). Não é difícil se convencer disso, desde que se cuide de reinserir a consciência no contexto da vida e do mundo real, ao invés de se hipnotizar pela evidência pontual do cogito. Então revela-se claramente que as intermitências da consciência de si e os grosseiros erros que ela comete, tanto em suas avaliações do mundo exterior quanto em sua representação do corpo, tornariam impossível o desenvolvimento dos organismos, caso o corpo já não assegurasse continuamente a solução dos problemas fundamentais. De modo que o intelecto e, de modo geral, as faculdades do espírito consciente são chamados a intervir apenas ocasionalmente, obedecendo a comandos transmitidos pelo próprio corpo (*Vontade de potência* I).

Mas essa própria subjetividade global do corpo é a reunião de uma multidão de subjetividades solidárias entre si, segundo estruturas de hierarquização muito complexas e em constante mutação, pois aqui, como alhures, a harmonia só pode derivar de uma luta. "Guiados por esse fio condutor do corpo [...] aprendemos que nossa vida só é possível graças ao jogo combinado de várias inteligências de valor muito desigual, graças, portanto, a uma perpétua troca de obediência e comando sob inumeráveis formas" (*Vontade de potência* I).

Cada uma dessas subjetividades orgânicas corresponde ao que captamos, mas apenas por meio da representação mais ou menos aproximada de nossa consciência, como "instintos". Esses instintos são pulsões investidas de um certo *quantum* de energia vital e cujo trabalho, realizado nas profundezas do Si corporal, mantém-se oculto à observação consciente; as aptidões de cada personalidade e a determinação de seu destino dependem do vigor desses instintos e da qualidade de seu discernimento. Em decorrência disso, "o gênio reside no instinto, a bondade também. O único ato perfeito é o ato instintivo" (*Vontade de potência* I). O corolário dessa proposição fundamental dá a chave da decadência: o decadente é a personalidade cujos instintos estão debilitados e se tornaram anárquicos, por falha do sistema regulador que garante a unidade do Si, de modo que ela é obrigada a se apoiar em sua consciência e em sua razão, forjando para si, com a disciplina ascética da Moral, um lastimável sucedâneo da flexível inteligência adaptativa dos instintos. O decadente é um doente do instinto, que tenta compensar suas carências com uma hipertrofia da lógica e da consciência do puro Dever.

A vontade de potência, essência do Ser

Tomando o corpo como guia, como aconselha Nietzsche, somos infalivelmente conduzidos à ideia da "vontade de potência" (*Wille zur Macht*), tema central da filosofia nietzschiana. Pois o corpo, segundo Nietzsche, é o fenômeno privilegiado onde se percebem os traços essenciais da vontade de potência. E, ademais, é na escola do corpo que melhor educamos nossa vigilância crítica em relação aos comentários enganosos suscitados pela expressão "vontade de potência", quando se imagina ser possível compreendê-la a partir das significações imediatas que transmite. Na realidade, essas significações são sedimentações culturais em que a preguiça do espírito e o sectarismo apoiam suas opiniões triviais. Em virtude disso, e notadamente em seus usos jornalísticos, a expressão "vontade de potência" perdeu toda a sua densidade de *ideia* nietzschiana para se tornar um ninho de sofismas e contrassensos. Ela resume em si quase todos os preconceitos que Nietzsche jurara... combater!

Reconheçamos, porém, que a própria ideia, como toda grande ideia em filosofia, é ao mesmo tempo muito clara e difícil de ser entendida, na medida em que escapa à intuição direta. Procurando atingir o Ser em sua essência, ela se constrói por *inferência* (mas não esqueçamos a parte, incontrolável, da *descoberta*!) sobre a base de uma multiplicidade de indícios nem sempre fáceis de recuperar e reagrupar. No caso da filosofia nietzschiana, a análise do corpo oferece justamente um desses "pontos de partida visíveis" de que fala K. Jaspers, e assim é com razão que o próprio Nietzsche ressalta seu grande interesse. Mas, naturalmente, existem outros, e são eles que também ajudaram a interpretar corretamente o fenômeno do corpo como manifestação da vontade de potência; em primeiro lugar, a reflexão sobre a cultura grega e a reflexão sobre a atividade do conhecimento como interpretação. Apenas sob a condição expressa de ter em mente essas referências decisivas é possível discutir as noções que, à primeira vista, parecem evidentes, mas que se revelam desconcertantes, se consideradas como as verdadeiras explicações do conceito de *Wille zur Macht*.

Três dessas noções exigem um breve exame crítico, devido a seu estatuto ambíguo: de fato, elas ameaçam falsear nossa compreensão da vontade de potência e, ao mesmo tempo, porém, correspondem a determinações legítimas, na verdade imbricadas na própria ideia de vontade de potência. Em primeiro lugar, a noção de *"vida"*. Cuidado para não ver aí a prova de um suposto biologismo nietzschiano, substituindo a *"struggle for life"* de Darwin pela luta pela preeminência! Pois não só Nietzsche não a utiliza para defender uma nova teoria biológica, como ainda lhe dá uma sobredeterminação filosófica, para que possa conotar a oposição entre especulação abstrata e experiência existencial, uma simbologia da feminilidade e, sobretudo, o tema propriamente genealógico da luta entre *força* e *fraqueza*. Longe de reduzir o Ser à vida biológica, em Nietzsche é a vida natural que aparece como "um caso particular da vontade de potência" (*Vontade de potência* I). Quanto à noção de *"poder"*, em sua acepção sinistramente cotidiana de violência e de dominação *sobre outrem*, Nietzsche a associa à psicologia do "sentimento de potência", fornecendo-nos uma série de análises magistrais sobre ele; mas para introduzir prontamente uma valoração "aristocrática" desse sentimento de potência que derruba as valorações habituais, visto que ela exalta a dominação *sobre si*, o heroísmo do conhecimento e a sublimação estética dos instintos, em detrimento da violência bárbara, característica do indivíduo vulgar e medíocre. E Nietzsche cita o bramanismo como exemplo de um poder nobre, fundado sobre o controle total do sentimento da potência (*Aurora*)!

Chegamos, por fim, à noção de "*força*", ela também onerada com pesadas hipotecas. Vista no nível psicológico, onde está ligada à análise do sentimento de potência, o essencial do juízo de Nietzsche se encontra neste texto: "Encontrei a força onde ela não é procurada, em homens simples, mansos e dóceis, sem o menor pendor para a dominação – e, inversamente, o gosto de dominar se me afigurou muitas vezes como um sinal de fraqueza íntima; eles temem suas almas de escravos e revestem-nas com um manto de realeza (acabam por se tornar os escravos de seus partidários, de sua reputação etc.). As naturezas poderosas necessariamente *reinam*, sem precisar sequer levantar um dedo, mesmo que estejam enterradas numa choupana" (*Vontade de potência* II). Mas a noção de força ultrapassa largamente o quadro psicológico e se faz onipresente nos trabalhos de Física que Nietzsche gostava de consultar. Assim, Nietzsche devia lhe conceder a mais cuidadosa atenção; além de lhe ser indispensável para dotar a vontade de potência com sua significação *quantitativa*, definindo-a como investimento variável das quantidades de energia, ela lhe oferece também o conceito-piloto dessa inferência amplificadora à qual Nietzsche recorre para edificar sua *cosmologia* da vontade de potência: entendamos por ela uma interpretação do mundo por universalização do conceito de vontade de potência, segundo o ambicioso programa exposto no parágrafo 36 de *Além do bem e do mal*. O projeto seria começar pela interpretação do corpo e dos instintos, passar para a generalização dos resultados aplicando-os à vida orgânica, e terminar a argumentação englobando aí a teoria da matéria. O empreendimento é sedutor e não contradiz os princípios da metodologia da interpretação, *com a ressalva*, porém, de que não se conceda a ele o valor dogmático de uma totalização absoluta; pois esta, como fica muito claro, cairia sob o golpe das críticas que o próprio Nietzsche dirigia à metafísica tradicional do Uno e da Totalidade. Ela confirma, ademais, que a noção de força, longe de explicar a ideia da vontade de potência, nunca se faz inteligível em Nietzsche a não ser quando vinculada a uma construção especulativa cujas origens transcendem o plano dos dados empíricos da Natureza. É o pensamento *filosófico* que elucida o sentido da força, tal como se manifesta nos múltiplos eventos da realidade natural – e não o contrário, absolutamente, como se tem a tendência de crer quando não se dispõe de uma compreensão suficiente do que é o pensamento filosófico...

A única formulação plenamente adequada, portanto, é a que protege a verdade propriamente filosófica da reflexão nietzschiana, situando-a solenemente sob a égide do *Ser*, como faz Nietzsche nesta definição: "A essência mais íntima do Ser é a vontade de potência" (*Vontade de potência* I) ("*Wenn das innerste Wesen des Seins Wille zur Macht ist*", *Werke* XVI 156). E de fato é sempre o Ser que Nietzsche tem em vista quando evoca o "caráter inteligível" ou a "interioridade" do mundo: "Um nome determinado por esta realidade seria 'a vontade de potência', em que a realidade seria designada a partir de seu interior e não a partir de sua natureza proteica, fluida e inapreensível" (*Werke* XIII). Assim, o conceito da vontade de potência não é um rótulo nietzschiano para um biologismo, um fisicalismo, um dinamismo ou um naturalismo qualquer (essas fachadas de uma metafísica envergonhada!), e sim a autêntica ideia em que culmina o pensamento nietzschiano do Ser como *ser-interpretado*.

Competição e construção

Talvez nenhum texto lance uma luz mais clara sobre a gênese do conceito de vontade de potência do que o ensaio intitulado "*A competição de Homero*" (*Homers*

Wettkampf, *Werke* IX), cujos primeiros esboços datam de 1871. Este ensaio, de fato, prova que um dos principais temas que compõem o conceito de *Wille zur Macht*, o tema da "competição", é elaborado pelo jovem Nietzsche na época em que se dedica à civilização helênica, às origens da tragédia e aos mitos de Dioniso; e que, portanto, o deciframento dos fatos de ordem psicológica, biológica e física vai se dar, a seguir, graças aos tipos de questões, esboços conceituais e intuições que se cristalizaram em torno do tema da competição. Certamente a pesquisa empírica o enriquece de múltiplas maneiras, mas, longe de lhe dar nascimento, ela o pressupõe como germe de sua própria teorização filosófica! Apenas com tal condição é possível dar andamento à investigação sobre o corpo e revelar na rivalidade e na hierarquização das instâncias corporais, especialmente no nível dos instintos, a presença da *luta* como princípio de toda organização vital e, portanto, como expressão da própria vontade de potência.

Nesse belíssimo artigo, Nietzsche começa contestando a imagem pálida e mirrada do humanismo grego que nos é apresentada por uma certa tradição acadêmica; ele logo especifica que inevitavelmente cria-se tal imagem quando se pretende situar a verdadeira natureza do Helenismo no otimismo racionalista de Sócrates e de sua escola; ele nos mostra, em contraste, que essa maravilhosa humanidade dos gregos, que legitimamente admiramos, nunca está isenta de uma ponta de crueldade, de um acentuado gosto pela destruição e pela alegria da vitória. Mas somos tão estranhos ao espírito dessa cultura que condenamos seus múltiplos exemplos da "inveja", sendo que a inveja, para os helenos, era a motivação universal das fecundas rivalidades! A lição dos gregos, repete Nietzsche, é que é impossível existir cultura sem um cabedal de instintos poderosos, sempre à espera de ocasiões para se desafogar no mundo exterior, com o objetivo de transfigurá-lo. Mas, evidentemente, eram instintos que os homens tinham aprendido a dominar, a controlar, a tornar criadores. A competição grega, cujo modelo foi estabelecido por Homero e que foi louvada por Hesíodo e Heráclito com a designação de "a boa Éris", é assim a "espiritualização" da luta primitiva; e é dessa maneira que ela garante a livre expressão da agressividade, a qual, ao invés de minar as bases da sociabilidade, torna-se fator de progresso e de harmonia. A competição anima toda a vida pública, sob a forma de disputas oratórias, de concursos de tragédias, de concorrência esportiva, de rivalidades entre as doutrinas filosóficas. Ela é arte e jogo.

Portanto, se a vontade de potência, segundo Nietzsche, é necessariamente uma força plástica e criadora, é porque esse conceito retoma e integra em si a coordenação que, para os gregos, unia a competição e a criatividade. O esquema de referência que Nietzsche mantém constantemente sob suas vistas, ao evocar a vontade de potência, é o da luta que, colocando um querer perante um material, faz brotar as formas onde se realiza a obra de arte. "A mais elevada relação ainda é a *do criador e da matéria que ele trabalha*" (*Vontade de potência* I). A vontade de potência é uma competição que se desenrola no campo da livre construção das formas. Mas toda forma é a exteriorização de uma força. Assim a construção requer o poder; o criador, diz Nietzsche, é "o homem que transborda poder" (*Vontade de potência* I). Dizer que a vontade de potência é vontade de construir significa redefinir os conceitos de *liberdade* e de *domínio*; agora eles estão associados a serviço de uma interpretação do poder como transformação de uma matéria em obra de arte: "*Conquistar* – é o efeito necessário de um *excedente de poder*: a mesma coisa que o ato de *criação* ou de *fecundação*, portanto a incorporação de sua própria imagem numa matéria estranha. É por isso que o homem superior deve criar, isto é, impor a outrem sua superioridade, seja como senhor, seja como artista" (*Obras póstumas*).

O ato de superar a si mesmo

Mas todas as determinações precedentes, apesar de sua importância, seriam incapazes de captar a ideia nietzschiana da vontade de potência se não viessem coroadas pelo tema que lhes acrescenta a determinação essencial e que, por isso, é objeto de uma criação verbal de Nietzsche: a palavra "*Selbstüberwindung*", que o cuidado com a precisão leva a traduzir com a perífrase, embora pesada, de "o ato de superar a si mesmo".

Nietzsche pretende designar um ato de *superação* que se apresenta como uma metamorfose em que se dá uma elevação do inferior ao superior, e cujo movimento não é provocado pelo exterior, mas procede do princípio interno do ser. Ao estudar o fenômeno da "interiorização", já tivemos ocasião de notar que a superação em Nietzsche pode ter o sentido hegeliano de uma sequência dialética. Mas trata-se apenas de uma variante de caráter regional. No fundo, a *Selbstüberwindung* nietzschiana dá as costas à dialética e a seu dogmatismo da racionalidade absoluta; ela não é nunca um puro processo lógico; menos ainda uma combinatória de estruturas ou o funcionamento de uma máquina de significantes (apenas o devaneio ideológico da modernidade foi capaz de se encantar com comentários tão comicamente monstruosos!). Ela enuncia – nisso conjugada com o Eterno Retorno – *como* o devir *é* devir, em outros termos, como se efetua essa construção das formas no fluxo do devir que realiza *a perpétua metamorfose do próprio devir*. Com o conceito da vontade de potência, "ato de superar a si mesmo", Nietzsche procura pensar o Ser como a "generalização do conceito de '*viver*' (respirar), 'ser animado', 'querer', 'agir', 'devir'" (*Vontade de potência* I).

Aliás, é isso precisamente o que nos ensina o corpo, a testemunha mais honesta do devir. Com efeito, por que o corpo inventou uma consciência e as faculdades intelectuais ligadas a ela? Para construir um corpo superior, responde Nietzsche, assim reconhecendo na atividade do corpo a ilustração imediata e concreta da superação de si: "Trata-se talvez unicamente do *corpo* em todo o desenvolvimento do espírito: esse desenvolvimento consistiria em nos tornar *sensível à formação de um corpo superior*. O orgânico ainda pode se elevar a graus superiores. Nossa avidez de conhecer a natureza é um meio para o corpo se aperfeiçoar" (*Vontade de potência* I). Não surpreende, então, se a *vida*, considerada em sua mais ampla generalidade, reivindica como definição de ser "*aquilo que é forçado a se superar ao infinito*" (*Assim falou Zaratustra*). Todas as morais, em outros termos, todas as tábuas de valores saem deste princípio: "Uma tábua de valores está inscrita acima de cada povo; é a tábua de suas vitórias sobre si mesmo; é a voz de seu querer de potência" (*Assim falou Zaratustra*). E é ainda esse princípio que estabelece o destino do homem, se é verdade que esse destino é a produção do super-homem!

Independentemente das divergências sobre a metodologia e a concepção do conhecimento, a ideia da superação de si fornece o critério para distinguir entre a vontade de potência nietzschiana e o Querer-Viver schopenhaueriano. Schopenhauer se crê autorizado a extrair da dor o argumento para justificar uma interpretação francamente pessimista do mundo, o qual seria uma fantasmagoria encenada por um Querer-Viver feroz e cego, do qual só é possível se libertar pelo trabalho de aniquilação da ascese. Nietzsche se insurge contra isso, mostrando que a premissa da argumentação já é um sofisma, em que se desafoga a vingatividade de uma natureza contaminada pela decadência moderna. Essa angústia diante da dor já não é em si o sintoma de uma doença da própria vontade, que se torna incapaz de assumir sua vocação criadora, de uma vontade que renegou o princípio da superação de si e não pode mais julgar de maneira leal? "A decisão sobre o que despertará o prazer ou a dor", responde Nietzsche, "depende do *grau de potência*. A mesma coisa que para uma pequena quantidade de potência parece um perigo e obriga a uma rápida defesa pode produzir, se a potência for grande, um encanto voluptuoso, um sentimento de prazer" (*Vontade de potência* I). O verdadeiro sentido da dor é estabelecido no e pelo ato de superar a si mesmo, do qual ela é coextensiva: "A dor é o sentimento de um obstáculo, mas, como a potência só toma consciência de si mesma por meio do obstáculo, a dor é *parte integrante de toda atividade* (toda atividade é dirigida contra alguma coisa sobre a qual é preciso triunfar)" (*Vontade de potência* II). Daí decorre que o Querer-Viver schopenhaueriano não passa de uma pseudovontade, um querer "no ar" (*Werke* XI 162), visto que está privado de sua intencionalidade essencial, imobilizado em querer-estado, ao invés de ser definido pelo movimento de sua autossuperação. "Schopenhauer diz 'a vontade', mas nada é mais característico de sua filosofia que a ausência total do *querer*" (*Vontade de potência* II).

Mas o que é mais adequado para nos instruir sobre o sentido e as origens últimas dessa definição da vontade de potência como ato de superar a si mesmo é sua aplicação à teoria do conhecimento e da verdade em Nietzsche. De um lado, como vimos, a vontade de potência é, como operação que coloca em formas um caos de impressões e desejos para modelar uma interpretação deles, o autor do pragmatismo vital e de seus valores-úteis; pois é necessário, diz Nietzsche, "reconduzir o que se chama de *instinto do conhecimento* a um instinto de *apropriação e conquista*" (*Vontade de potência* I). De outro lado, o conhecimento, educando-se na disciplina da integridade filológica, obriga-se por isso mesmo a superar o pragmatismo vital, e essa superação corresponde com grande precisão a uma *Selbstüberwindung*, com sua dupla significação de combate e de passagem para uma forma superior. "Como lutamos contra a mentira básica e contra todas as mascaradas? Um sentimento de potência, que se libera no desenvolvimento e na atividade da inteligência, nos impele" (*Obras póstumas*). Aceitamos, assim, colocar a vida em perigo, pois lhe retiramos, pelo menos provisoriamente, suas ilusões protetoras; dessa maneira obedecemos ao imperativo da vontade de potência, pois "a vida não é senão um *meio* em vista de outra coisa: esta é a expressão das formas de crescimento da potência" (*Vontade de potência* I). A potência autêntica, portanto, marca o grau de força que um espírito é capaz de investir na busca da verdade; em outros termos, a intensidade de sua autossuperação a serviço do verdadeiro: "A medida suprema da força: em que medida um homem pode viver sobre *hipóteses*, e não sobre a crença, isto é, aventurar-se por mares ilimitados!" (*Obras póstumas*). Por conseguinte, é o *espírito* – e não a violência selvagem! – que exprime a potência real; se, com efeito, deve-se avaliar "A *potência* de um *querer* pela dose de resistência, de dor, de tortura que ele tolera e consegue aproveitar" (*Vontade de potência* I), é o espírito que ganha, pois "o espírito é a vida que corta na própria carne; seu tormento aumenta seu saber" (*Assim falou Zaratustra*).

Força e fraqueza

Desembaraçados das falsas imagens da força que nos são inculcadas por uma ideologia bárbara, agora temos condições de compreender o valor que Nietzsche atribui ao conceito da força em sua interpretação genealógica.

Sem dúvida, todo ser, na medida em que participa da vontade de potência, trabalha para se superar constantemente. Isso não impede que o estilo e a orientação de tal superação não sejam idênticos, de forma alguma, conforme se esteja diante de um querer dirigido pela decadência ou pela vida ascendente. Assim descobrimos que o ato de se superar tem duas significações antagônicas, conforme ele caracterize tal ou qual tipo de vontade de potência; e, portanto, que os conceitos de força e de fraqueza, empregados nesse contexto de avaliação genealógica, têm como finalidade estabelecer a *dupla polaridade* da vontade de potência, em função da qual cada ato de autossuperação assumirá sua normatividade própria. Eles garantem a existência de uma hierarquização no interior da vontade de potência como essência unitária do mundo.

Logo, não é possível imputar qualquer contradição a Nietzsche quando ele indica, por um lado: "Os fracos e os fortes se comportam de uma maneira muito parecida: eles estendem sua potência o máximo que podem" (*Obras póstumas*), e se empenha, por outro, em combater certas expressões da vontade de potência em que desmascara o instinto da decadência, alertando-nos: "O que é, propriamente falando, a moral? O instinto da decadência; são os homens esgotados e deserdados que, de certa maneira, *vingam-se* e comportam-se como *senhores* [...] O instinto da decadência, sob a forma da vontade de potência" (*Vontade de potência* II). De fato, a vontade de vingança é ainda uma modalidade da vontade de potência, mas deve ser classificada sob o conceito da fraqueza, porque encarna uma vontade de potência *negativa*, que procura degradar e destruir a vida, ao passo que a vontade de potência *afirmativa*, isto é, aquela que se dedica a exaltar e ampliar a vida, deve ser classificada sob o conceito da força. A primeira é repressiva; a segunda é criadora; esta é a vontade de potência autêntica, fiel à sua natureza (de modo que

Nietzsche, em certos textos, reserva-lhe a exclusividade dessa denominação), enquanto aquela é a vontade de potência de alguma maneira alienada, que se tornou estranha à sua destinação.

Deve-se estabelecer a diferença com um triplo exame. Em primeiro lugar, uma reflexão crítica sobre os ideais adotados por cada um que luta pela supremacia; a seguir, a identificação do tipo de homem ou de grupo social que os promove; por fim, a análise das consequências que a vitória ou a simples influência de uma determinada tábua de valores acarreta para a vida. No que se refere aos ideais, o método leva a separar *Ideais positivos* e *Ideais negativos*, em função do seguinte critério: "*Todo ideal* supõe *amor* e *ódio*, *respeito* e *desprezo*. O primeiro móvel é ou o sentimento positivo ou o sentimento negativo. O *ódio* e o *desprezo* são o primeiro móvel, por exemplo, em todos os ideais nascidos do ressentimento" (*Vontade de potência* I). Do ponto de vista *tipológico*, discernem-se, no caso do moralismo, várias tendências instigadoras, que Nietzsche enumera: "1º: O instinto do *rebanho* contra os fortes e os independentes; 2º: O instinto dos *sofredores* e dos deserdados contra os felizes; 3º: O instinto dos *medíocres* contra os excepcionais" (*Vontade de potência* I). Quanto à apreciação dos valores segundo sua influência sobre a vida, o método nietzschiano leva a destacar o antagonismo entre "naturalismo moral" e moral antinatural: "Todo naturalismo na moral, isto é, toda moral *sã*, é dominado pelo instinto de vida [...]. A moral *antinatural*, isto é, toda moral até hoje ensinada, venerada e pregada, dirige-se, pelo contrário, precisamente *contra* os instintos vitais" (*Crepúsculo dos ídolos*).

Radicalizando sua argumentação, Nietzsche agora apresenta sua classificação genealógica das manifestações da vontade de potência sob a forma de uma oposição entre "*vontade do nada*" e "*vontade de viver*" (*Vontade de potência* II). Esta caracteriza a vontade de potência que favorece a vida, aquela a vontade de potência que debilita e arruína a vida. Por fim, os conceitos de força e de fraqueza em Nietzsche servem para pensar, do ponto de vista genealógico, a relação essencial entre a vida e o ato de se superar. Daí a conclusão: "Cada indivíduo pode ser estimado conforme ele representa a linha ascendente ou descendente da vida" (*Crepúsculo dos ídolos*).

O Eterno Retorno

A ideia do Eterno Retorno era tão importante para Nietzsche que ele não só a considerava a ideia central de sua filosofia, como também não conseguia evocá-la sem a gama inteira provar das mais intensas emoções, do êxtase ao pavor. E não poupou esforços para estabelecê-la sobre bases científicas sérias, graças a uma ampla documentação pacientemente explorada. E isso a tal ponto que corramos o risco de ser intimidados por ela e acabemos por considerar a doutrina nietzschiana do Eterno Retorno como uma teoria científica *stricto sensu*, ao passo que as provas que Nietzsche extrai de uma reflexão sobre a ciência nunca têm um valor senão de confirmação para uma ideia que, fundamentalmente, deriva do pensamento filosófico.

Em suma, Nietzsche utiliza aqui os argumentos de tipo científico para rematar sua refutação do Idealismo metafísico, que tem como um de seus mais fortes bastiões o *finalismo*, que justamente o Eterno Retorno deve combater. O Eterno Retorno, de fato, destrói a crença idealista segundo a qual o curso do mundo é regido por um Plano providencial visando instaurar o reino da Moral; e que, portanto, obriga a explicar a distância desoladora entre essa bondade de Deus e o curso habitual do mundo com a introdução da categoria moral da *falta*. A essa culpabilização desmobilizadora provocada pelo emprego abusivo da noção de finalismo, o Eterno Retorno contrapõe a afirmação salvadora da "inocência do devir" (*Vontade de potência* II): "Representemos este pensamento sob sua forma mais temível: a existência tal como é, não tendo sentido nem fim, mas retornando inelutavelmente, sem chegar ao nada: 'o *Eterno Retorno*'" (*Vontade de potência* II). Zaratustra se faz seu paladino: "Na verdade, o que ensino é bênção e não blasfêmia, ao dizer: 'Acima de todas as coisas estende-se o céu da Contingência, o céu da Inocência, o céu do Acaso, o céu do Capricho" (*Assim falou Zaratustra*).

O acaso em questão, longe de ser o contrário da necessidade, designa um de seus aspectos, aquele por meio do qual a necessidade, na temática do Retorno, rejeita o finalismo em favor de uma interpretação imoralista do devir. Nietzsche deixa bem claro: "O 'caos universal' que exclui toda atividade com finalidade não é *contraditório* com a ideia do ciclo: este não é senão uma *necessidade irracional*, sem nenhuma reflexão formal, ética ou estética. A liberdade de escolha está ausente tanto das pequenas quanto das grandes coisas" (*Vontade de potência* II).

A demonstração, parte da tese que recorre largamente aos dados científicos, acarreta diversas argumentações embutidas, cuja ordem de desenvolvimento deve ser respeitada. Começa-se pela confirmação da crítica precedente ao finalismo idealista, dada pelo reconhecimento objetivo da impossibilidade de atribuir um "fim" (e, portanto, um término) ao devir. Pois, se o mundo perseguisse um fim, este provocaria a instauração de um *estado de equilíbrio*, e este estado de equilíbrio *já deveria ter sido atingido*, visto que houve todo o tempo necessário para isso no passado do mundo. Ora, nós constatamos que o devir não foi abolido, que ele continua. Portanto a persistência do devir, hoje, elimina em seu próprio princípio a possibilidade de um equilíbrio final (cf. *Vontade de potência* I).

Este raciocínio, porém, só pode ser validado mediante duas condições. Em primeiro lugar, que o tempo realmente tenha o ser, que ele seja *real*, e não reduzido, como em Kant, a uma pura forma *a priori* da sensibilidade (*Werke* XII 54). A seguir, que o tempo seja infinito, o que elimina a crença numa criação divina do mundo, visto que a criação requer um começo. Nietzsche se vê então obrigado a refinar ainda mais sua crítica anterior ao Deus moral, orientando-a com mais precisão contra a noção de um Deus criador, "espécie de emaranhado de imperativo e de finalidade que se oculta por trás da grande tela, da grande rede da causalidade" (*Genealogia da Moral*). E Nietzsche busca a irretorquível objeção num confronto entre a crença no Deus criador e "a inocência do devir", mostrando o erro irremediável que tal hipótese infligiria ao valor do devir, pois "seria postular *uma soma de dor e de ilogicidade* que reduziria o valor total do 'devir'; felizmente, *falta* essa potência de totalização" (*Vontade de potência* I).

Mas destronar Deus, recusar admitir uma vontade criadora originária e responsável pelo devir é, ao mesmo tempo, desvendar a inanidade do conceito de "força infinita". Apenas o princípio da finitude da força expurga a reflexão sobre o devir de qualquer sequela teológica e está de acordo, no nível científico, com a lei da constância da energia. Assim se enuncia o princípio: "A atividade é eterna, mas o número das coisas produzidas e dos estados de energia é finito" (*Fragmentos sobre a energia e a potência*); de modo mais rigoroso: "Existe uma *quantidade* infinita de estados de energia, mas não de estados diferentes *ao infinito*: isso suporia uma energia indefinida, a energia que não tem senão um certo 'número' de qualidades possíveis" (*Fragmentos sobre a energia e a potência*). Agora, estando todas as determinações enumeradas, obtém-se o seguinte modelo do Universo: *uma força finita e constante, desdobrando-se num espaço finito e segundo um devir onde tudo se repete*; portanto, um ciclo perpétuo, de imanência radical, de modo que ela impede qualquer referência, mesmo discreta, a um fim ou a um sentido que lhe seria exterior.

Essas argumentações, porém, interessam apenas na medida em que se integram à problemática filosófica referente às relações entre o devir e a vontade de potência. Nietzsche não tem a ingenuidade de crer que se possa substituir o antigo "ser" metafísico pelo "devir"; ele procura interpretar o devir *em seu próprio ser*, e é este, justamente, o papel que ele confia à ideia do Eterno Retorno! Aliás, sua formulação completa é: o Eterno Retorno *do Mesmo* (*das Gleichen*). "O Mesmo" determina a significação da per-sistência do devir enquanto devir e, assim, a necessidade da *repetição* para cada acontecimento no interior do devir. A expulsão da categoria dogmática da identidade acarreta, sob este aspecto, a transformação dos conceitos de permanência e de igualdade-consigo-mesmo. Se o devir é sempre devir, e portanto per-siste, nem por isso é uma substância identitária. Nietzsche se apercebe plenamente que a formulação adequada de sua intuição do Eterno Retorno exige um esforço para renovar e matizar ainda mais o sentido dos conceitos, e arrisca esta indicação: *"Imprimir no devir o caráter do ser – é a forma superior da vontade de potência [...] Dizer que tudo retorna é aproximar ao máximo o mundo do devir e o mundo do ser: ápice da contemplação"* (*Vontade de potência* I).

Com o conceito da vontade de potência, Nietzsche tenta pensar *o que é* o Ser como devir; e, com o conceito do Eterno Retorno, *de que maneira* o próprio devir "é" devir, tendo-se pois que *tudo se repete sem que nada deixe de mudar*. Mas então, visto que o ato de superar a si mesmo define a natureza da vontade de potência, é preciso explicar como este ato pode se inserir no ciclo do Retorno.

Aqui se revela plenamente a magnífica coerência da reflexão nietzschiana – nesta conjunção entre vontade de poder e Eterno Retorno. Veem-se todos os grandes temas nietzschianos fundindo-se nesse crisol mágico.

O Eterno Retorno é uma perpétua e ardente invocação à exigência da superação de si. Ele impele a vontade de potência a se desprender das vãs nostalgias para aderir lealmente ao devir e assim torná-lo o campo de sua incansável criatividade. Ele a eleva à afirmação soberana contida no "*amor fati*". O *amor fati* em Nietzsche corresponde à atitude de "fidelidade à Terra", graças à qual a admissão da imanência do devir triunfa sobre as quimeras da Transcendência idealista. Pois é a própria vida que o querer esposa no impulso de adesão ao devir, inaugurando um verdadeiro panteísmo dionisíaco. Deste ponto de vista, o Eterno Retorno é a "mais elevada fórmula de aprovação jamais atingida" (*Ecce homo*). "Quer-se o ciclo eterno: as mesmas coisas, a mesma lógica ou a mesma ilogicidade dos encadeamentos. Estado supremo a que pode chegar um filósofo: uma atitude dionisíaca diante da existência; minha fórmula para isso é *amor fati*" (*Vontade de potência* II). *A eternidade* é totalização selada pelo *instante*: "Jamais desejastes que uma mesma coisa retornasse outra vez? Jamais dissestes: 'Agradas-me, felicidade, piscar de olhos, instante!' Então desejastes o Retorno de *todas as coisas*, todas voltando outra vez, todas eternas, encadeadas, entrelaçadas, amorosamente ligadas" (*Assim falou Zaratustra*).

Além disso, o Eterno Retorno preside à transmutação da vontade de vingança em vontade criadora, expressão da vida ascendente; pois é ele que obriga o querer a superar o terrível obstáculo que a resistência do *passado* ergue contra a livre iniciativa. "Que o tempo não possa voltar atrás, é esta a sua dor. O 'fato consumado' é a rocha que ele não pode mover. Então ele rola blocos de despeito e de cólera."

Eis o homem condenado ao suplício de Sísifo! Mas o pensamento do Eterno Retorno se apresenta para arrancá-lo à sua maldição, e lhe dirige esta admoestação redentora: "Afastei-vos desta ciranda ensinando-vos: o querer é criador. Tudo o que foi não passa de fragmento, enigma e horrível acaso, até o dia em que o querer criador declara: 'Mas eu, eu quis assim'" (*Assim falou Zaratustra*).

Para concluir, o Eterno Retorno educa a vontade de potência para a mais corajosa tarefa: o serviço da verdade. Ele a projeta além de todas as ilusões consoladoras, além mesmo das ficções vantajosas do pragmatismo vital; ele a faz renunciar ao dogmatismo idealista do saber absoluto, para aceitar a aventura da interpretação (cf. *Vontade de potência* II).

O Eterno Retorno é o "martelo" que Nietzsche traz à elite da humanidade para que ela golpeie os ídolos e esculpa a figura do super-homem: "A doutrina do Eterno Retorno, *Martelo* na mão do homem mais poderoso" (*Fragmentos sobre a energia e a potência*).

Capítulo V
O super-homem

A seleção

Nada falsearia mais a significação conferida por Nietzsche à ideia do "super-homem" do que tratá-la como eixo de uma doutrina evolucionista similar à de Lamarck e Darwin. Não nos deixemos enganar neste ponto por algumas fórmulas de aparência "evolucionista" que Nietzsche coloca na boca de Zaratustra! Elas têm apenas um valor de imagem e, portanto, não despertam as ásperas objeções que Nietzsche, por outro lado, dirige às teorias transformistas de sua época, prejudicadas, segundo ele, pela crença no *progresso*. Pois, a seus olhos, a humanidade como espécie não representa um progresso em relação aos animais (*Werke* XVI 147), e tampouco, dentro do grupo humano, é constituída por uma elite duradoura que marcaria um progresso em relação às massas. Seria até mais honesto, aqui, falar em regressão. Pois a humanidade moderna não é degenerada em comparação aos heróis da civilização da Renascença ou aos antigos gregos (*O anticristo*)? Particularizando sua polêmica, Nietzsche contrapõe ao darwinismo estas duas observações: as formas inferiores são incapazes de produzir as formas superiores (*Werke* XVI 150), e – mais lamentavelmente ainda – muitas vezes são os fracos e os medíocres que vencem a "*struggle for life*". "A regra estabelece que os homens superiores, as almas de elite, sucumbam e naufraguem" (*Além do bem e do mal*). Quanto às teses de Lamarck, ele as critica por exagerarem demais o papel do "meio" na seleção vital.

Em suma, a crítica da noção de progresso ultrapassa o quadro da biologia para chegar à concepção da História, impossibilitando de antemão qualquer tentativa de fazer do super-homem o resultado necessário de uma pretensa "lógica" da História. Sem dúvida, a partir do momento em que rejeita qualquer Transcendência suprassensível, Nietzsche deve situar o eventual surgimento de seu super-homem exclusivamente na imanência histórica. Mas, se ele se preocupa em encontrar na História os precursores do super-humano, detectando aqui e ali os êxitos individuais ou coletivos que são seus primeiros esboços (por exemplo, o povo grego, a aristocracia da Índia antiga, Napoleão), por outro lado não compartilha a confiança de Hegel, de Comte e de Marx no desenvolvimento racional de uma História que resultaria normalmente no triunfo dos valores mais elevados; e não se limita a recusar essa fantasmagoria da racionalidade histórica, indignando-se com ela como uma funesta mentira idealista: "Ver na história a realização do bem e do justo é uma blasfêmia contra o bem e o justo. Essa bela história universal é, para utilizar uma expressão de Heráclito, um 'amontoado de sujeira'. O que é *forte* abre passagem, tal é a regra; se pelo menos não fosse também, com tanta frequência, o que é tolo e maldoso!" (*Fragmentos sobre a energia e a potência*). Nietzsche manterá inflexivelmente essas reflexões críticas que, já na segunda *Consideração intempestiva*, dirigia à filosofia hegeliana e que se encontram resumidas nesta breve citação: "É um pensamento paralisante e contristador considerar-se um retardatário chegando atrasado nos tempos, mas o que é terrível e destruidor é que esta filosofia, numa despudorada inversão, divinizou o tipo do retardatário como se fosse o sentido e a finalidade de toda a evolução anterior" (*Considerações inatuais* I).

Tais advertências não deixam qualquer margem de dúvida: não é possível entender coisa alguma da ideia nietzschiana do super-homem se não se reconhecer na doutrina da seleção, guardiã da promessa do super-homem, uma pedagogia da própria vontade de potência, pedagogia esta destinada a produzir o ser soberano cuja existência seria a consagração do Eterno Retorno.

A educação dionisíaca

A seleção concebida por Nietzsche, portanto, não é nem um processo biológico regido pela Natureza nem uma dialética da História, é um método educativo aplicado à vontade de potência por uma minoria capacitada. Ao qualificá-lo de "dionisíaco", ressaltam-se dois traços essenciais: de um lado, a educação dionisíaca terá como missão radicalizar o niilismo, desencadeando a crise derradeira que Nietzsche descreve como "niilismo extático" (*Werke* XV 393), porque precisa fazer explodir, de alguma maneira, a decadência moderna. De outro lado, ela cumpre a resolução de proceder de maneira imoralista, tal como exige aquele "pessimismo da força" que deve tornar o super-homem inquebrantável diante das mais horríveis verdades. Em suma, Nietzsche define as grandes linhas de uma educação trabalhando "com o martelo" e concentrando-se sobre a essência do querer: sobre o ato de superar a si mesmo! "O Martelo: uma doutrina que, pelo predomínio do pessimismo mais apaixonado pela morte, opera uma *seleção* dos mais aptos para a vida" (*Fragmentos sobre a energia e a potência*).

Por todas essas características, ela lança um desafio ao velho método empregado pelo Idealismo metafísico e que foi a escola da decadência. Portanto, opor-se-ão a ele, ponto por ponto, a seleção nietzschiana, orientada para o super-homem, e a domesticação idealista, orientada para o "Último Homem". A domesticação do homem é uma invenção sacerdotal; sua técnica é a repressão dos instintos e a culpabilização por meio da angústia do pecado (*Vontade de potência* I). A seleção nietzschiana, pelo contrário, procura sublimar, espiritualizar os instintos (*Crepúsculo dos ídolos*). Por conseguinte, "não existe pior confusão do que confundir a *seleção* com a *domesticação* [...] A seleção, tal como a entendo, é um meio de armazenar uma enorme quantidade de forças humanas, de modo que as gerações possam construir sobre os fundamentos colocados por seus antepassados tanto nas coisas exteriores quanto nas realidades interiores e orgânicas, num acréscimo contínuo de forças" (*Vontade de potência* II).

A educação da vontade de potência – paralela, como se vê, à sua interpretação – diz respeito, em primeiro lugar, ao próprio corpo. "Os moralistas estúpidos sempre pregaram o aperfeiçoamento sem exigir igualmente *a base física*: o enobrecimento do corpo" (*Obras póstumas*). Mas "o espírito mais alto, ligado a um caráter fraco e nervoso, é este que é preciso suprimir. O fim: aperfeiçoamento do *corpo* inteiro e não somente do cérebro" (*Vontade de potência* II).

O prefixo *über* (super) na palavra *Übermensch* (super-homem), à luz dessas explicações, revela seu pleno valor: frisar que o super-homem resulta da autossuperação pela qual a vontade de potência humana realiza sua verdadeira destinação. Zaratustra enuncia em palavras fulgurantes: "Ensino-vos o Super-Homem. O homem é algo que deve ser superado" (*Werke* VI 13). Entendamos bem: é o homem que *se* transforma, e não uma instância exterior que se substituiria bruscamente a ele. Nietzsche o confirma mostrando que o declínio do homem é a transição do homem para o super-homem: "A grandeza do homem é que ele é uma ponte e não um término; o que se pode amar no Homem é que ele é *transição* e *perdição*" (*Assim falou Zaratustra*). E: "Amo aqueles que não sabem viver a não ser com a condição de morrer, pois morrendo eles se superam".

O herói afirmador

Na medida em que o super-homem nietzschiano é uma figura eminentemente mítica, seria indispensável, se quiséssemos dar uma descrição completa, mostrar a correspondência entre cada traço seu e cada uma das determinações da vontade de potência, sem esquecer as que asseguram a relação entre essa vontade de potência e a ideia do Eterno Retorno. Contentemo-nos, aqui, em apontar os traços pelos quais o super-homem merece ser chamado de herói afirmador por excelência.

Em primeiro lugar, justamente, a capacidade de afirmação dionisíaca. Com efeito, para Nietzsche, Dioniso simboliza o ser dotado de uma energia tão exuberante que pode transmutar tudo em afirmação, e portanto acolhe com igual fervor os termos contraditórios cujo embate ocupa o cerne da própria vida. "Um tal espírito *libertado* aparece no centro do universo, num fatalismo feliz e confiante com a *fé* de que não há nada de condenável a não ser aquele que existe isoladamente, e que tudo se resolve e se afirma no conjunto. *Ele não nega mais...* Mas uma tal fé é a mais elevada entre todas as fés possíveis. Eu a batizei com o nome de *Dioniso*" (*Crepúsculo dos ídolos*). Ele assume altivamente, como criado, sua adesão ao Eterno Retorno: "O homem mais impulsivo, mais vivo, mais anuente do universo [...], aquele que dirige insaciavelmente um *da capo* não só a si mesmo, mas também à peça e ao espetáculo inteiro" (*Além do bem e do mal*). E, fazendo isso, leva em conta a totalidade do *passado humano*: "Nós justificaremos, retrospectivamente, todos os defuntos e daremos um sentido a suas vidas se conseguirmos moldar com esta argila o Super-Homem e assim dar uma *finalidade* a todo o passado" (*Vontade de potência* II).

A personalidade, portanto, constrói a si mesma à imagem daquilo que Dioniso deseja obter do homem:

"Torná-lo mais forte, mais maldoso, mais profundo" (*Além do bem e do mal*). Pois "o que importa são os *maldosos* animados de um querer religioso" (*Werke* XIV 316), em outros termos, "os cínicos, os sedutores, os conquistadores, que unirão à superioridade intelectual a saúde e a superabundância das energias" (*Vontade de potência* II). Do bárbaro, o super-homem conservará o vigor e a riqueza dos instintos, mas integrará esses instintos numa ordem superior, condição da liberdade criadora. A Moral, evidentemente, ficará escandalizada com essa prodigalidade titânica; e Zaratustra não duvida que "os bons e os justos chamariam seu super-homem de 'demônio'" (*Ecce homo*). Mas é porque esses virtuosos são incapazes de entender a necessidade de colaboração entre o bem e o mal na impetuosidade de um verdadeiro criador, tal como é ilustrada pelo dionisismo; este, com efeito, "conquista ativamente o devir, sente-o subjetivamente como a vontade furiosa do criador, mesclada à sanha do destruidor" (*Vontade de potência*). Por conseguinte, "o ser mais transbordante de vida, o dionisíaco, deus ou homem, pode se permitir não só olhar o enigmático e o pavoroso, mas também cometer o apavorante e se entregar a qualquer luxo de destruição, de subversão, de negação; a maldade, a insanidade, a fealdade lhe parecem permitidas em virtude de um excesso de forças criadoras que podem converter o próprio deserto num solo fecundo" (*A gaia ciência*). O super-homem é o artista consumado, a própria encarnação da vontade de potência "artista".

Enfim, o super-homem é *a bela individualidade* radiante, cujo eu se tornou um eu cósmico. Se Nietzsche é severo em relação a esse egoísmo mesquinho que covardemente procura refúgio no conformismo da Moral do rebanho, ele exalta em igual medida o individualismo de envergadura que é a condição da generosidade na vida e no conhecimento. Pois "no homem cujo *ego* se enfraquece e se adelgaça, a força do grande amor também se enfraquece" (*Vontade de potência* I). E especifica Nietzsche: "É a *riqueza da personalidade*, a profusão interior, o transbordamento e o dom, o prazer instintivo e a aprovação de si mesmo que fazem os grandes sacrifícios e o grande amor" (*Vontade de potência* I). Um tal individualismo exige o culto da diferença, "o ardente desejo de criar distâncias no interior da própria alma, para produzir estados cada vez mais elevados, raros, longínquos, amplos, abrangentes, no que justamente consiste a elevação do topo humano, a contínua superação do homem por ele mesmo" (*Além do bem e do mal*). Assim, Nietzsche detesta a ideologia igualitarista da modernidade, na qual ele vê o obstáculo mais perigoso à produção do super-humano. "Todos são muito iguais, muito pequenos, muito afáveis, muito conciliadores, muito enfadonhos" (*Obras póstumas*). Para contrapor essa ideologia, Nietzsche prega uma estratégia da diferença que "consistiria em retirar cada vez mais do homem seus traços comuns e em especializá-lo até torná-lo ainda mais incompreensível para seu vizinho" (*Obras póstumas*). Estratégia da diferença *hierarquizante*, Nietzsche se apressa em acrescentar, pois a diferença sempre remete, em última análise, à dualidade entre a vida ascendente e a vida decadente que forma o princípio genealógico da própria vontade de potência. Assim, Nietzsche desautoriza categoricamente, por antecipação, seus pretensos êmulos atuais que invocam sua autoridade para justificar o que poderíamos chamar de anarquismo da diferença amena. Com efeito, ele declara: "É preciso *aumentar* o fosso! É preciso *obrigar* a espécie superior a *se apartar* graças aos sacrifícios que deve fazer à sua própria existência" (*Vontade de potência* II).

A grande política

Por "grande política" Nietzsche pretende designar a iniciativa de tomar a cargo, de modo consciente e decidido, todo o futuro humano, de tal forma que, desprezando as intrigas dos políticos habituais, sempre atrelado a interesses limitados, ela prepare o reino do super-homem em escala mundial, tendo como base uma organização concreta da vida social e da cultura. A grande política é, assim, o meio de instituir o governo mundial, no nível das coletividades humanas históricas, que favoreceria a educação dionisíaca, ela mesma orientada para o ideal do super-homem: "Até hoje houve mil fins diferentes, pois há milhares de povos. O que falta é a corrente passando por essas mil nucas, o que falta é um fim único. A humanidade ainda não tem um fim" (*Assim falou Zaratustra*).

Tal projeto, combinado com uma declaração tão provocadora, naturalmente é uma declaração de guerra dirigida aos ideais rivais. Nietzsche denuncia neles os auxiliares da fé moderna no "progresso", a qual não passa de uma nova versão da metafísica cristã. "Em que medida", pergunta Nietzsche, "subsiste ainda a fatal crença na *Providência divina*, a crença *mais paralisante* que existe, para as mãos e para os cérebros; em que medida – sob o nome de 'natureza', de 'progresso', de 'aperfeiçoamento', de 'darwinismo', na crença supersticiosa num certo elo entre a felicidade e a virtude – é a hipótese e a interpretação cristãs que ainda persistem?" (*Vontade de potência* II). A esterilidade fundamental dessa fantasmagoria se revela, aliás, na idolatria da História que lhe é regularmente associada; e em seu pequeno "*fato-alismo*", como diz Nietzsche num trocadilho (*Vontade de potência* II) para qualificar a míope coleta de "fatos" pretensamente objetivos, na convicção de que neles se expressa a razão absoluta. "Serviremos à história apenas na medida em que ela servir à vida, mas o excesso de história e o excesso de apreço que lhe é dedicado fazem com que a vida definhe e se degenere, fenômeno que é necessário e talvez igualmente doloroso perceber, pelos sintomas flagrantes que se manifestam em nossa época" (*Considerações inatuais* I).

As doutrinas socialistas são duramente atacadas por Nietzsche. Sem dúvida, é uma pena que Nietzsche não tenha lido as obras de Marx (nome que desconhece), pois essa leitura o teria levado a corrigir muitas afirmações suas e lhe permitiria situar melhor, histórica e politicamente, sua própria interpretação. Mas essas ressalvas não impedem que reconheçamos a singular pertinência das reflexões críticas de Nietzsche, de forma que o próprio marxismo se beneficiaria muito se meditasse sobre elas...

Nietzsche censura o otimismo filosófico do socialismo em geral, herança do moralismo racionalista de Sócrates. Com efeito, já em *O nascimento da tragédia*, ele tivera ocasião de caracterizar as principais tendências e as influências distantes do ensinamento socrático. "Que não se dissimule o que se oculta no cerne desta cultura socrática: um otimismo que se crê ilimitado! E que não se receie mais ver amadurecer os frutos desse otimismo, ver uma sociedade, penetrada até suas camadas mais inferiores por uma tal cultura, fremir aos poucos de veleidades e cobiças sensuais, ver a fé na felicidade terrena de todos, a crença na possibilidade de uma cultura sábia universal traduzir-se aos poucos na reivindicação ameaçadora de uma felicidade terrena excessivamente requintada" (*Nascimento da tragédia*). Esse otimismo, conjugando as lições de Sócrates e a mentalidade cristã, inspira as pretensões "científicas" do socialismo, em função de uma concepção racional da História e da confiança no método dialético, da mesma forma que molda o ideal da felicidade da massa, variante da "moral do rebanho" na era da técnica planetária. Nietzsche reserva apenas o sarcasmo para essa felicidade padronizada (muito compatível, aliás, com um regime político de ditadura feroz!). Ele desvenda um erro fundamental no próprio sentido da civilização: "O problema da *civilização* raramente foi bem captado. O fim não é a *felicidade* de um povo nem o livre desenvolvimento de todas as suas capacidades; ele surge na justa *proporção* desses desenvolvimentos. Seu fim ultrapassa a felicidade terrena; este fim é a produção das grandes obras" (*Vontade de potência* I). Assim Nietzsche discordaria da tese marxista segundo a qual a missão histórica do proletariado é romper a alienação de toda a humanidade ao realizar sua própria libertação, objetando que essa tese ignora a significação da própria liberdade; como ressalta Zaratustra, uma libertação não tem sentido nem valor a não ser pela finalidade que estabelece para si, e não pelo simples fato de suprimir alguma opressão.

Nietzsche fala em favor de uma organização social rigorosamente aristocrática e ferozmente antiestatal (*Assim falou Zaratustra*). "O fim", explica ele, "é formar uma *casta dominante* que reúna as almas mais vastas, capazes das tarefas mais diversas do governo do universo" (*Vontade de potência* II). Trata-se, de fato, de uma exigência que corresponde não só à metodologia nietzschiana do conhecimento e à natureza da vontade de potência, mas também aos princípios de uma educação verdadeira, centrada sobre o ideal do super-homem. "Toda elevação do tipo humano sempre foi e sempre será a obra de uma sociedade aristocrática, de uma sociedade que acredita em múltiplos níveis de hierarquia e de valores entre os homens e que, sob uma ou outra forma, requer a escravidão" (*Além do bem e do mal*). Mas essa aristocracia não seria a do sangue nem a do dinheiro; e o direito de dominar só lhe pertence pela austeridade e pela envergadura de sua missão! Assim, o paradoxo da "grande política" nietzschiana é que, à diferença das ideologias que pretendem legitimar a defesa dos interesses de uma classe, ela oferece o poder somente a criadores incumbidos das responsabilidades mais perigosas: "A casta dos ociosos é a mais capaz de sofrimentos, a mais sofredora, sua satisfação na existência é a menor, seu dever é o maior" (*Humano, demasiado humano* II). Por conseguinte, "os operários viverão algum dia como hoje vivem os burgueses, mas acima deles, distinguindo-se por sua falta de necessidades, viverá a casta superior, mais pobre e mais simples, mas possuidora da potência" (*Vontade de potência* II).

A dificuldade de Nietzsche começa quando ele busca na História os pontos de apoio indispensáveis para a realização de sua grande política. Pois nenhuma classe social lhe parece em condições de preencher sua expectativa. A burguesia lhe repugna (*Assim falou Zaratustra*), mas o proletariado o deixa indiferente, e ele parece ignorar o campesinato; quanto aos intelectuais, ele sabe como resistir às suas maquinações de tarântulas! Ao final, é numa nova elite de filósofos que Nietzsche deposita suas esperanças. O filósofo-rei de Platão, curiosamente, não está distante! Mas Nietzsche não se preocupa em especificar o meio social em que seria preciso recrutá-lo, nem como seus educadores seriam escolhidos. Eis aí indícios suficientes para nos convencer de que a grande política nietzschiana não passa de uma utopia... de filósofo!

Mas não deploremos o fato; antes admiremos! Pois nossos olhos estão ofuscados demais pelo espetáculo das pequenas políticas lamentável e ineficazmente "realistas" para que não nos deleitemos com divagações utópicas de um verdadeiro pensador. Devaneios em meio aos quais, além de tudo, faz-se o elogio de uma das mais nobres promessas da humanidade: a existência do próprio pensamento filosófico – que tem em Nietzsche, justamente, uma de suas figuras exemplares para todo o sempre.

BIBLIOGRAFIA

Livros de Nietzsche disponíveis no Brasil

Além do bem e do mal
Traduzido por Edson Bini. São Paulo: Edipro, 2008.
Traduzido por Paulo César de Souza. São Paulo: Companhia das Letras, 2005.
Traduzido por Mario Ferreira dos Santos. Petrópolis: Vozes, 2009.
Traduzido por Renato Zwick. Porto Alegre: L&PM, 2008.

O anticristo
Traduzido por Paulo César de Souza. São Paulo: Companhia das Letras, 2007.
Traduzido por Renato Zwick. Porto Alegre: L&PM, 2008.

Assim falou Zaratustra
Traduzido por Mario Ferreira dos Santos. Petrópolis: Vozes, 2008.

Aurora
Traduzido por Mario Ferreira dos Santos. Petrópolis: Vozes, 2008.
Traduzido por Paulo César de Souza. São Paulo: Companhia das Letras, 2004.

Crepúsculo dos ídolos
Traduzido por Paulo César de Souza. São Paulo: Companhia das Letras, 2006.
Traduzido por Renato Zwick. Porto Alegre: L&PM, 2009.

Ecce homo
Traduzido por Marcelo Backes. Porto Alegre: L&PM, 2003.
Traduzido por Paulo César de Souza. São Paulo: Companhia das Letras, 2008.

A gaia ciência
Traduzido por Paulo César de Souza. São Paulo: Companhia das Letras, 2001.

Genealogia da Moral
Traduzido por Paulo César de Souza. São Paulo: Companhia das Letras, 1998.

Humano, demasiado humano
Traduzido por Paulo César de Souza. São Paulo: Companhia das Letras, 2005.

Humano, demasiado humano II
Traduzido por Paulo César de Souza. São Paulo: Companhia das Letras, 2008.

O nascimento da tragédia
Traduzido por Jacó Guinsburg. São Paulo: Companhia das Letras, 2008.

Textos em alemão

Nossa edição de referência é: KRÖNER, Alfred. *Grossoktavausgabe*. Stuttgart. I-VIII: obras publicadas por Nietzsche; IX-XVI: *Posthumes*; XVII-XIX: *Philologica* (abreviatura: *Werke*, com menção do tomo e da página).

Uma nova edição, *Nietzsches Werke. Kritische Gesamtausgabe*, apresenta todas as garantias. Ela serve de base à nova edição francesa, sob a responsabilidade de Colli e Montinari, pela Gallimard.

Estudos sobre a filosofia de Nietzsche

Naturalmente, trata-se apenas de uma seleção muito restrita, em vista da quantidade de trabalhos consagrados a Nietzsche.

ANDLER, Charles. *Nietzsche, sa vie et sa pensée*. Paris: NRF, Gallimard, 1958. 3v.

BARONI, Christophe. *Nietzsche éducateur. De l'homme au surhomme*. Paris: Buchet-Chastel, 1961.

BLONDEL, Éric. *Nietzsche: le cinquième évangile?* Paris: Les Bergers et les Mages, 1980.

CARROUGES, Michel. *La Mystique du surhomme*. Paris: NRF, Gallimard, 1948.

CHESTOV, Léon. *La Philosophie de la tragédie, Dostoïewsky et Nietzsche*. Trad. Boris de Schloezer. Paris: J. Schiffrin, 1926.

DELEUZE, Gilles. *Nietzsche et la philosophie*. Paris: PUF, 1962.

EMMERICH, Erika. *Wahrheit und Wahrhaftigkeit in der Philosophie Nietzsches*. Bonn: Halle, 1933.

FINK, Eugen. *La Philosophie de Nietzsche*. Trad. Hildenbrand e Lindenberg. Paris: Éd. de Minuit, 1965.

GRANIER, Jean. *Le Problème de la Vérité dans la philosophie de Nietzsche*. 2éd. Paris: Éditions du Seuil, 1969.

HEIDEGGER, Martin. *Nietzsche*. Pfullingen: Günther Neske, 1961. t. I e II.

JASPERS, Karl. *Nietzsche. Introduction à sa philosophie*. Trad. Henri Niel. Paris: Gallimard, 1950.

_____. *Nietzsche et le christianisme.* Trad. Jeanne Hersch. Paris: Éd. de Minuit, 1949.

KAUFMANN, Walter A. *Nietzsche: Philosopher, Psychologist, Antichrist*. New Jersey: Princeton University Press, 1950.

KREMER-MARIETTI, Angèle. *Thèmes et structures dans l'oeuvre de Nietzsche*. Paris: Lettres modernes, 1957.

LÖWITH, Karl. *Nietzsches Philosophie der weigen Wiederkehr des Gleichen*. Stuttgart: Kohlhammer, 1956.

MUELLER-LAUTER, Wolfgang. *Nietzsche. Seine Philosophie der Gegenwart un die Gegensätze seiner Philosophie*. Berlim: Walter de Gruyter, 1971.

PENZO, Giorgio. *Friedrich Nietzsche*. Bolonha: Patron, 1975.

REY, Abel. *Le Retour éternel et la philosophie de la physique*. Paris: Flammarion, 1927.

RICHTER, Claire. *Nietzsche et les théories biologiques contemporaines*. Paris: Mercure de France, 1911.

STAMBAUGH, Joan. *Untersuchungen zum Problem der Zeit bei Nietzsche*. Haia: Martinus Nijhoff, 1959.

VALADIER, Paul. *Nietzsche et la critique du Christianisme*. Paris: Éd. du Cerf, 1974.

_____. *Nietzsche, l'athée de rigueur*. Paris: Desclée de Brouwer, 1975.

SÉRIE L&PMPOCKETENCYCLOPÆDIA

Alexandre, o Grande Pierre Briant
Bíblia John Riches
Budismo Claude B. Levenson
Cabala Roland Goetschel
Capitalismo Claude Jessua
Cérebro Michael O'Shea
China moderna Rana Mitter
Cleópatra Christian-Georges Schwentzel
A crise de 1929 Bernard Gazier
Cruzadas Cécile Morrisson
Dinossauros David Norman
Drogas Leslie Iversen
Economia: 100 palavras-chave Jean-Paul Betbèze
Egito Antigo Sophie Desplancques
Escrita chinesa Viviane Alleton
Evolução Brian e Deborah Charlesworth
Existencialismo Jacques Colette
Filosofia pré-socrática Catherine Osborne
Geração Beat Claudio Willer
Guerra Civil Espanhola Helen Graham
Guerra da Secessão Farid Ameur
Guerra Fria Robert McMahon
História da escrita Andrew Robinson
História da medicina William Bynum
História da vida Michael J. Benton
Império Romano Patrick Le Roux
Impressionismo Dominique Lobstein
Inovação Mark Dodgson & David Gann
Islã Paul Balta
Jesus Charles Perrot
John M. Keynes Bernard Gazier
Jung Anthony Stevens
Kant Roger Scruton
Lincoln Allen C. Guelzo
Maquiavel Quentin Skinner
Marxismo Henri Lefebvre
Memória Jonathan K. Foster
Mitologia grega Pierre Grimal
Nietzsche Jean Granier
Paris: uma história Yvan Combeau
Platão Julia Annas
Pré-história Chris Gosden
Primeira Guerra Mundial Michael Howard
Relatividade Russell Stannard
Revolução Francesa Frédéric Bluche, Stéphane Rials e Jean Tulard
Revolução Russa S. A. Smith
Rousseau Robert Wokler
Santos Dumont Alcy Cheuiche
Sigmund Freud Edson Sousa e Paulo Endo
Sócrates Cristopher Taylor
Teoria quântica John Polkinghorne
Tragédias gregas Pascal Thiercy
Vinho Jean-François Gautier

Agatha Christie

L&PMPOCKET

L&PM POCKET MANGÁ

- Mitsuru Adachi — **Aventuras de menino**
- Inio Asano — **Solanin 1**
- Inio Asano — **Solanin 2**
- Mohiro Kitoh — **Fim de verão**

- **SHAKESPEARE** — HAMLET
- **SIGMUND FREUD** — A INTERPRETAÇÃO DOS SONHOS
- **F. SCOTT FITZGERALD** — O GRANDE GATSBY
- **FIÓDOR DOSTOIÉVSKI** — OS IRMÃOS KARAMÁZOV
- **MARCEL PROUST** — EM BUSCA DO TEMPO PERDIDO
- **MARX & ENGELS** — MANIFESTO DO PARTIDO COMUNISTA
- **FRANZ KAFKA** — A METAMORFOSE
- **JEAN-JACQUES ROUSSEAU** — O CONTRATO SOCIAL
- **SUN TZU** — A ARTE DA GUERRA
- **F. NIETZSCHE** — ASSIM FALOU ZARATUSTRA

Impresso no Brasil
2015